MEIN INNERER MONK(EY)

widme all den fantastischen Menschen in meinem Umfeld.

Ihr begleitet mich.
Ihr unterstützt mich.
Ihr inspiriert mich.

Manchmal gibt es Momente im Leben,
da sind fünf Buchstaben vollkommen ausreichend.

D A N K E.

VORWORT

„Life has a beautiful way of making the rich get richer and the happy get happier."

- Interpretationssache

Stell dir bitte folgendes Szenario vor und nimm dir dafür ausreichend Zeit. Es ist der 1. Dezember, draußen herrscht eine eisige winterliche Kälte mit diesem kräftigen ekeligen Wind und aus dem Grund läutest du die besinnliche Vorweihnachtszeit lieber in deinen eigenen vier Wänden ein. Es ist deine verdiente Quality time mit dir selbst, du hast einfach mal einen „me-Moment" und die friedliche Ruhe des Morgens tut dir extrem gut. Die Schneeflocken tanzen nur so vor deinem Fenster herum und es fühlt sich an als wärst du in einem Winterzauberland. Du geniesst die absolute Stille, hast dich mit deiner kuscheligsten Decke so richtig auf der Couch eingenistet, beisst in einen leckeren Lebkuchen und trinkst nebenbei deinen fruchtigsten Lieblingspunsch. Das Leben ist gut und dir geht es natürlich bestens, wie sollte es auch anders sein? Es ist schliesslich Wochenende und du darfst heute noch das 1. Türchen deines Adventskalenders öffnen. Du entscheidest dich dafür das auf später zu verschieben, denn schliesslich ist deine Couch mit all den Annehmlichkeiten gerade einfach zu bequem. Du geniesst den Faultiermodus, atmest ruhig und hast ein breites Lächeln auf deinen Lippen. Fühlst du die leichte Form der Entspannung, die sich einstellt? Geniesse es noch für einen kurzen Moment. Hier stoppe ich nämlich diese kurze Gedankenreise. Ich nehme jetzt als Zusatz noch ein paar klassische Weihnachtsgewohnheiten her und du wirst selbst für dich entscheiden, ob/wie das zu deinen persönlichen Vorstellungen von Weihnachten passt. Bereit? Hoffentlich, auch wenn gerade eventuell Hochsommer ist - kleiner Scherz am Rande des Weihnachtsbaums. Also kommen wir zurück zu unserem 01. Dezember und seien wir doch mal ehrlich, es ist doch jedes Jahr das gleiche Spiel... Plätzchen backen?! Viel zu viel Plätzchen essen?! Pläne für's Weihnachtsfest schmieden?! Wo, mit wem, wie, vor allem bei wem, Geschenke/Mitbringsel, welche Leckereien?! Wir kennen es doch alle. Die Frage ist eher, ob schon Vorsätze enthalten sind den angefutterten Weihnachtsspeck wieder wegzubekommen?! Alles rein hypothetisch natürlich. Die Hauptsache ist doch, dass du bei all deinen überlegungen glücklich bist und das Fest der Liebe so gestaltetst wie du das für dich (und deine Familie) möchtest. Es ist zudem die Feierlichkeit der Gemeinsamzeit und so wirst du dich auf jeden Fall auf deine Pläne inklusive deinen Mitfeiernden freuen. Ich meine du hast dich ja bewusst dazu entschieden… oder?

Genug überlegt, genug Gedankenspielerei, genug gefragt - drehen wir die Perspektive um 180 Grad und kommen wir zu mir, denn meine Pläne für Weihnachten sehen in diesem Jahr ganz anders aus. Ich rede von anders anders! Wo ich schlafen werde? Gute Frage, das entscheidet sich kurzfristig. Mit wem ich den Weihnachtsabend verbringen werde? Grobe Tendenz. Was ich als Weihnachtsgericht auf meinem Tisch haben werde? Vermutlich deutlich weniger. Ob ich in diesem Jahr ein Geschenk zum Auspacken haben werde? Eine winzige Resthoffnung bleibt. Du denkst dir jetzt womöglich sowas wie „armer Kerl" oder auch „Weihnachten ist doch das Fest der Liebe, da sollte man doch Freude daran haben und es sollte mehr rausspringen als diese mickrigen Umstände, die der Typ da hat." Du hast andere Gedankengänge? Jetzt wird mein innerer Monk zum ersten Mal neugierig. Das hat einen bestimmten Grund, denn ich habe dir bewusst nur eine überschaubare Anzahl an Informationen gegeben. Komplett absichtlich natürlich, um dich und deine Gedanken etwas aus der Reserve zu locken. Ob's geklappt hat? Man munkelt.

Ja, es ist auch bei mir der 01. Dezember. Nur liege ich gerade an einem herrlichen kilometerlangen Strand und es herrscht schwüle Hitze. Wo ich bin? Nordgoa, Indien. Was ich dort mache? Einerseits dieses Vorwort schreiben und andererseits mir meinen persönlichen Traum erfüllen. Wie der aussieht? Neun Monate die Welt bereisen, diese bewusste Entscheidung dafür vollends geniessen und dabei Erinnerungen kreieren, die mich mein Leben lang zum Schmunzeln bringen werden. Aus diesem Grunde habe ich für die Rahmenbedingungen meines Weihnachtsfestes tatsächlich nur sehr wenig konkrete Antworten. Eine Sache weiss ich sicher: Mir geht es verdammt gut und ich bin aus tiefstem Herzen glücklich, also quasi ein „ich habe alles was ich brauche"-Glück. Dafür bin ich sehr dankbar und ich schätze es sehr das Privileg zu besitzen meine Reise in der Form geniessen zu können. Wo ich also an Weihnachten schlafen werde? Mit ziemlich hoher Wahrscheinlichkeit an einem sehr besonderen Ort, ganz bewusst gewählt natürlich. Mit wem ich das Fest verbringen werde? Ich denke zusammen mit meinem Reisepartner Tristan und seiner Freundin Jana, die zu dieser Zeit zu Besuch sein wird. Ob sonst noch jemand Teil der Weihnachtsfeierei sein wird? Durchaus möglich, denn auf so einer Reise entstehen neue Bekanntschaften wie Sand am Meer. Wie ich das Fest feiern werde? Das hängt ganz stark davon ab in welchem Land ich zu diesem Zeitpunkt sein werde. Vielleicht wieder am Strand? Am Fuße des Himalaya? Das lasse ich auf mich zukommen. Was ich als Festessen auf dem Tisch haben werde? Es könnten Meeresfrüchte sein. Oder sonstige Delikatessen, auf jeden Fall wird es ziemlich kontrastreich zum alljährlichen Racelette-Ritual. Was ich als Geschenk auspacken werde? Es wird Gemeinsamzeit geschenkt in Form von einem gemeinsamen Erlebnis, das sich in den nächsten Wochen herauskristallisieren wird.

Mir ist bewusst, dass es andere Antworten sind. Es sind ja schliesslich auch MEINE Antworten. Auf all die Fragen über deine möglichen Weihnachtsplanungen wirst du DEINE Gedankengänge reflektiert haben - dieses Ergebnis ist logischerweise ANDERS.

Anders heisst weder gut noch schlecht.
Anders heisst „es ist dein Weg."
Anders heisst auch Thomas Anders
(und der hatte ja bekanntlich Stress mit Dieter Bohlen, deshalb blenden wir den lieber mal aus.)

Weihnachten kommt alle 365 Tage (meistens zumindest) und jeder hat genau deswegen eine gewisse Routine darin, egal wie verschieden die speziellen Pläne für dieses Fest dann am Ende aussehen. Jede Person/ Familie/Kultur hat ihre eigene Vorbereitung darauf, ihre Durchführung dafür und vor allem ihre einzigartigen Werte und Prioritäten im Erleben dieses Festes. Das lässt mich weiterdenken und an dieser Stelle kommen mir drei konkrete Fragen in den Sinn. Wenn ein jaherlich widerkehrendes Fest wie Weihnachten schon so individuelll ist,...

... wie unterschiedlich sind denn dann erst unsere Leben?
... wie divers sind unsere einzelnen individüllen Lebensinhalte?

Oder anders gefragt:
... wie ANDERS ist die Gesamtheit unserer Lebensverläufe?

Ziemlich überfordernd mh? Gehen wir die ganze Sache doch etwas anders, vielleicht sogar einfacher, an. Gibt es bei diesem ganzen Gedankenwirrwarr doch die ein oder andere Gemeinsamkeit zwischen uns allen? Sind Themen/Einstellungen/Werte vorhanden, die vielleicht für uns alle von Bedeutung sind? Welche Tatsachen verbinden uns unter gewissen Umständen sogar? All diesen und noch deutlich mehr Fragen wirst du in diesem Buch begegnen. Jetzt könnte ich das Bild eines „keep calm"-Shirts einfügen, denn die Verwirrung um dieses ganze Fragenthema wird sich schon bald in Luft auflösen. Ich verspreche dir eine Sache: Das Leben ist oft stressig genug, deswegen lassen wir es ganz ruhig angehen. Es soll ein entspanntes Leseerlebnis für dich werden, gepaart mit vielen Anregungen, einer ordenlichen Portion Lockerheit und vor allem mit viel Humor. Ich versuche mich am Riemen zu reissen, nur manchmal gehen da meine überaus lustigen Monkeys mit mir durch.

Mein Ziel mit dem Buch ist es dich zu inspierieren, dich ein wenig aus der Reserve zu locken und aus der teilweise lähmenden Ernhaftigkeit des Alltags zu holen. Also lass uns ein wenig Spaß zusammen haben :) Eine kleine Anmerkung gibt es noch: Es ist mein 1. Buch und so werden während dem Lesen vermutlich ein paar Sinn-/Verständnisturbulenzen auftreten, also wie heisst es so schön im Flugzeug:

„Fasten your seat belt."
& lasset die poetische Reise beginnen.

E I N L E I T U N G

„Sei einzigartig und verrückt,
denn normal kann jeder."

- Marcus Friedrich

Ein Buch zu schreiben bringt erst einmal einige Aufgaben mit sich. Dazu gehört natürlich primär dir mitzuteilen mit wem du es hier überhaupt zu tun hast. Wer bin ich? Was mache ich den ganzen lieben Tag? Und ganz eventüll tangiert dich auch die allgemeine Frage wie es überhaupt zur Idee des Buches gekommen ist, auch hier möchte ich meinen Verpflichtungen gewissenhaft nachkommen. Ich meine was sollst du sonst von mir denken?! In Bayern sagen wir „back ma's…" - ich bin Marcus (29) und habe das Glück mit reichlich positiver Lebenseinstellung/ Energie ausgestattet zu sein. Zum einen Teil ist es angeboren und den größten Teil davon habe ich mir selbst „angeeignet" bzw. befinde ich mich gerade nach wie vor in einem kontinuierlichen Lernprozess.

Was ich mache? Bei den meisten Menschen käme jetzt der Beruf. Hier habe ich nun direkt eine Gegenfrage an dich: Wieso sollte ich mich als 1. Antwort darauf über meinen Job definieren? Die Antwort darauf klingt auf den ersten Blick etwas eingebildet, nur habe ich (und das haben wir doch alle) eine einzigartige Persönlichkeit und deswegen schiebe ich dieses zu vernachlässigende Thema noch etwas auf. Ich bin absoluter Reiseenthusiast und mehr als nur dankbar für den Punkt, an dem ich gerade stehe - für meinen aktuellen Standort natürlich (Nordindien), meine Einstellung, meine Erfahrungen, meine persönliche Entwicklung und am allermeisten für mein Umfeld, das wirklich jederzeit für mich da ist und eine riesengrosse Stütze für mich darstellt. Einen Drang zur Euphorie, manchmal auch ein wenig Selbstüberschätzung, wurde mir zusätzlich in die Wiege gelegt. Deswegen hältst du gerade auch dieses Buch in deinen Händen, bestes anschauliches Beispiel quasi. Was mache ich also? Sorry, der Job-Teil kommt immer noch zu einem späteren Zeitpunkt, also gedulde dich bitte noch ein wenig. Ich mache alles was notwendig ist, um für mich/mit mir selbst glücklich zu sein und am besten immer in diesem Zustand zu verweilen. Jetzt magst du eventuell „der schaut also nur auf sich, was ein junger arroganter selbstverliebter Egoist" denken. Es ist anders und um dir das zu verdeutlichen hole ich ein wenig aus. Dann weisst du auch endlich meinen beruflichen Hintergrund und dein innerer Monk kann zunächst mal beruhigt durchatmen, puuuuuh. Das Wissen was wir beruflich den lieben langen Tag treiben hat schließlich einen hohen Stellenwert in unserer Gesellschaft und somit direkt Einfluss auf die Art und Weise wie wir alle wahrgenommen werden.

Dafür brauche ich ein wenig Platz, denn wir rollen das Feld von hinten auf. Stand jetzt bin ich arbeitslos, seit ziemlich genau drei Monaten. Zuvor habe ich für drei Jahre Erfahrungen als Erzieher (Krippenbereich) sammeln dürfen und nebenbei zwei Jahre Menschen bei finanziellen Entscheidungen begleitet. Ein einjähriger Aufenthalt als Au-Pair in Kalifornien (Alter der Kids 2, 4, 6, 8), sowie weitere drei Jahre als Erzieher (Krippen-/Kindergartenanteil) stehen ebenfalls in meinem Lebenslauf. Was fehlt? Natürlich mein Abschluss, denn auf Kinder hat man sich ja immerhin irgendwie vorzubereiten - mental und fachlich. Das ganze Prozedere habe ich im Jahr 2016 erledigt.

Also du siehst, Empathie und Zwischenmenschlichkeit sind dann doch Teil meiner DNA und daher schieben wir den „was ein Egoisten-Typ"-Gedanken einfach zur Seite. Was davor war? Alles soweit normal und im Nachgang bin ich sehr froh darüber WO und vor allem WIE ich aufgewachsen bin. Diese Dankbarkeit ziehe ich mit durch mein Leben, mit lockerer Leine und vor allem ohne aufgesetzter „Scheindankbarkeit." Ich schreibe WORK-LIFE-BALANCE extrem groß, kreiere gerne Wow-Momente und geniesse diese noch viel lieber in vollen Zügen... im Moment sogar immer öfter in TukTuks, ich bin ja schliesslich in Indien... kleiner Spaß am Rande. Die Liebe für Pflanzen (meistens ist der Daumen grün) und das Lesen (v.a. die Themen pos. Psychologie, Mindset und persönliches Wachstum) haben es mir richtig angetan. Das kommt dir gerade zu Gute und der Gedanke bringt mich gerade ziemlich zum Schmunzeln. Was macht mich sonst noch so aus? Die Motivation neue Details zu erfahren, einfach ab und zu den Sinn im Leben zu hinterfragen, sowie natürlich ein ziemlicher Kaffeekonsum sind ebenfalls kleine oder eigentlich eher größere Teile meiner Persönlichkeit. Ich meine das Leben ist einfach zu kurz für schlechten Kaffee, gibst du mir Recht? So rede ich gerne und oft zu viel, dabei bin ich im Grunde auch ganz lustig - finde ich zumindest. Dadurch ist das Positive an einem Dialog mit mir, dass die Hälfte der Beteiligten es auf jeden Fall amüsant findet und meisten folgen dann die zweiten 50% relativ schnell.

Das ALLES klingt jetzt nach einer Mischung aus aufgeblasenem Tinder-Profil und einer Ebay-Kleinanzeige, in der ich eine Tätigkeit als Babysitter anbiete. Ein klassiches „schau(t) mal was ich alles kann bzw. bin" eben. Ich hoffe es kommt so rüber wie ich es auch tatsächlich im Kopf habe und ich somit gerade meine interne Zielvorgabe erfülle dir einen authentischen Eindruck zu vermitteln wer ich bin und wie mein Alltag so aussieht. Dabei stelle ich mein Ego tatsächlich hinten an, also ich versuche es zumindest und in den meisten Fällen klappt's auch ganz gut. Im Laufe des Buches wirst du weitere Informationen entdecken, die dein Bild über mich verfeinern-/vollständigen werden, also sei gespannt oder klapp das Buch einfach zu. Deine Entscheidung ;)

Ego, Selbstüberschätzung... das schreit förmlich nach einer Überleitung zu all den kleinen Monkeys in meinem Kopf. Affen? Ja, Affen. Du kennst sie schon. Quirlige Affen, neugierige Affen, laute Affen, verspielte Affen, verrückte Affen, junge Affen, verträumte Affen, mit doofen Ideen ausgestattete Affen und alle haben ein Ziel: Meinen Kopf so richtig aufzumischen, quasi eine heftig eskalierende Synapsenparty zu verursachen. Dann gibt's da noch meinen Monk. Ein Mönch? Du weisst schon, so ein älterer, gebildeter, reflektierter und in sich ruhender Herr mit einem eisernen Fokus und gekleidet in einer eleganten orangen Robe. Stell ihn dir ruhig vor, mit all seinen tollen Eigenschaften. Er flüstert mir regelmässig solche Dinge zu wie „Marcus, du wirst ruhiger. Akzeptier es einfach und lasse all diese aufgedrehten Monkeys lieber los. Gewinne Abstand von ihnen, das wird dir sehr sehr gut tun." Ab und zu fügt er dann auch ein „mach dir doch einen leckeren Tee und geniesse all die Ruhe, du wirst es mir danken" hinzu. Genau das stellt mein innerer Monk in meinem Kopf an und du wirst es eventuell selbst auch in der Form kennen. Ich frage mal anders... Wie sah denn ein klassischer Samstagabend in deinen jungen wilden 20ern aus? Partylastig? Heftigstes Betrinken, dass irgendwann so richtig die Lichter ausgehen? Im Grunde diese wilden eskalierenden Partynächte mit dem entsprechenden krassen Kater am nächsten Tag? Du wirst es kennen, das nehme ich jetzt einfach mal an - klassiche Monkeys eben. Dagegen wirst du unter Umständen schon einen anderen Abschnitt deines Lebens erreicht haben. Ich spreche von der Zeit, in der eine innere Stimme in ganz sanftem Ton zu dir „es ist schon 19:30 Uhr, heute bleibst du lieber auf der gemütlichen Couch" sagt. Oder du hast dieses gewisse Gefühl in dir, das dir mit enormer Wärme „lasse Ruhe einkehren und werde sesshaft" vermittelt. Du kennst es? Gut. Du hast sogar geschmunzelt, als du die letzten Zeilen gelesen hast? Umso besser. Der Monk verfolgt dabei das Ziel deine und auch meine Gedanken zu beruhigen, den Fokus auf dich zu richten und dich dabei gut zu fühlen. Jetzt gibt es genau zwei Möglichkeiten. Option #1: Du nickst, lächelst und weisst haargenau wovon ich spreche. Oder Variante #2: Du denkst dir „das Zeug was der da gerade in Nordindien raucht, inklusive all seinen erscheinenden sprechenden Monk(ey)s, das will ich auch!" Erweitern wir den Gedanken um eine Option #3: Dein innerer Monk ist bereits (in manchen Bereichen) vorhanden, sitzt lächelnd in einer ruhigen Ecke deines Kopfes und hört aufmerksam zu. Du wirst wissen welchen Gedanken du in diesem Moment im Kopf hast und das Gute dabei ist, dass wir hier ganz weit entfernt sind von richtig oder falsch. Unter Umständen sind es auch verwirrte Monkeys, die gerade eine eskalierende Synapsenparty in deinem Kopf starten, dabei richtig viel interne Gedankenhektik stiften und dich zugleich mit mehr Fragen als Antworten zurücklassen.

Du wirst das Zitat „life is a journey", das ja heutzutage durch Instagram & Co zugegebenermaßen ziemlich ausgelutscht daherkommt, kennen. Was nach dem erstbesten Spruch klingt, den ich irgendwie nach einem kurzen Brainstorming finden konnte, möchte ich an dieser Stelle nutzen. Erstens für eine etwas breitere Interpretation und zweitens als Verdeutlichung in welche Richtung dieses Buch gehen wird. Das ist hilfreich für dich und diese vier Worte werden uns im Laufe des Buches immer mal wieder begegnen - behalte das Zitat daher bitte im Hinterkopf, später wird es dann auch Sinn ergeben… versprochen.

ALLES ist eine Reise.

SICH SELBST KENNEN ist eine Reise.

LEBENSPRAXIS SAMMELN ist eine Reise.

IN DEN JOB HINEINFINDEN ist eine Reise.

DIE WELT ERKUNDEN ist eine Reise.

PARTNERSUCHE ist eine Reise.
FREUNDSCHAFT ist eine Reise.

.

.

.

Du wirst spontan noch viele weitere persönliche Reisen in deinem Kopf haben und natürlich kannst du die Liste gerne für dich vervollständigen, ganz wie du willst. Wenn alles eine Reise ist, dann gilt doch vermutlich auch diese klitzekleine Erweiterung, stimmst du mir zu?

- *Deine* ***inneren Monkeys*** *zu zähmen/beruhigen/erziehen ist eine Reise.*
- *Deinen* ***inneren Monk*** *zu finden und auf ihn zu hören ist eine Reise.*

Ich frage dich mal ganz direkt. Wie sehen deine einzelnen kleineren Reisen aus? Wie sieht dein Monk(ey)-Barometer aus? An welchem Punkt befindest du dich jeweils? Bist du noch am Weg zum Flughafen? Am Check-In-Schalter oder vielleicht bei der Sicherheitskontrolle? Sitzt du bereits seelenruhig am Gate oder sogar im Flugzeug? Weisst du wohin du fliegst oder frägst du lieber nochmal bei der Stewardess (m/w/d) nach? Gibt es gerade heftige Turbulenzen auf deiner Reise oder läuft alle ganz geregelt? Befindest du dich kurz vor dem geplanten Sinkflug und bereitest dich schon auf die Landung vor? Oder bist du schon lange angekommen, liegst mit einem GinTonic in der Hand ganz entspannt und vollkommen zufrieden am Strand? Viele Fragen. Überforderne Fragen. Die Antworten auf manche Inhalte deiner persönlichen Reise werden dir gerade bereits in den Sinn gekommen sein bzw. du wirst sie schon länger kennen. Mach sie dir bewusst. Andere „Tripinhalte" wirst du noch erfahren, vielleicht sogar im Laufe des Buches - dein innerer Monk feut sich schon darauf während die Monkeys eher vor Flugangst zittern. Wir werden ihnen nämlich ziemlich auf die Pelle rücken, das ist mal klar. Auf welche Fragen du treffen wirst? Abwarten. Welche Antworten darauf folgen werden? Ich hoffe du bist so gespannt wie ich es bin. Wir wissen ja bereits, dass es DEINE Antworten sind und bevor wir die Triebwerke endgültig starten möchte ich dir noch verraten was uns im Laufe des Buches immer wieder begegnen wird. Es ist das Monk(ey)-Barometer und ich werde dir öfter Mal die Frage stellen wo du dich auf deiner Reise siehst, bist du mit an Board?

-->

Monkeys *Monk*

Ich kann nur für mich sprechen, denn ich habe 37% meines Lebens bereits hinter mir. Soweit zu einer Statistik die besagt, dass Männer im Durchschnitt 78 Jahre alt werden. Du bist weiblich? Dann hast du ziemlich Glück, denn die Lebenserwartung sagt dann für dich 85 Jahre voraus.

Diese Zeit können wir für uns nutzen und während das prozentuale Nümmerchen meiner Lebensreise weiter ansteigt sind für mich vier Bereiche immer mehr in den Fokus gerrückt. Die Themen Vergleiche, Kommunikation, Erfahrungen und Entscheidungen sind jeweils Abschnitte des Buches und dabei möchte ich dich auf deine eigene einzigartige Reise schicken. Das ganze Unterfangen klingt erst mal sehr trocken und ich habe gehört Kaffee/Tee soll helfen ;) Das scheinbare Ziel: Die jeweiligen Themen etwas aufweichen. Meine wirkliche Absicht: Geniesse das Buch, geniesse die Reise.

Du wirst mit vielen Fragen konfrontiert werden, denn die Monkeys und ist vor allem dein Monk sind alle neugierig ohne Ende. Du hast Fragen an mich? Kontaktiere mich gerne. Es schwirrt ein Gedanke in deinem Kopf rum? Lass es mich wissen. Wir werden gemeinsam viele Antworten deiner einzelnen Reiseexpeditionen aufdecken. Da mir ein billig wirkendes Zitat am Ende der Einleitung deutlich zu langweilig ist, werde ich den klassischen Spruch erweitern.

„Life is a journey, travel it well."
- wird wohl ein Reisender gewesen sein.

KAPITEL EINS

VERGLEICHE

„Persönlichkeit beginnt dort wo der Vergleich aufhört."

- Karl Lagerfeld

Du kennst Karl Lagerfeld. Ich kenne ihn ebenfalls. Das Zitat ist neu für dich? Dann sind wir schon zu zweit. Es ist mir ganz zufälligerweise in die Hände gefallen und ich dachte mir dabei „that's it" - ungefähr so wie wenn du bei H & M, Zara (oder wie sie alle heißen) stehst und dich ein spezielles Kleidungsstück förmlich anspringt. Beim Thema dieses Kapitels werde ich dir vermutlich auf den Schlips treten. Das hältst du aus? Perfekt. Bei Verneinung der Frage wirst du eventuell mehrere (dickere) Kleidungsschichten brauchen, also zieh dich warm an. Bereit? Dann legen wir mal los.

Zuallererst möchte starten wir mit einer offenen Frage. Wie sehr vergleichst du dich mit deinem Umfeld? Denk dran, das Umfeld ist weit mehr als nur deine Familie um dich herum. Es besteht im Grunde aus all den lieben Menschen, mit denen wir zu tun haben - offline UND online. Du wirst schnell eine Antwort finden und auch hier ist eine Sache glasklar, bei jedem von uns fällt die Reaktion darauf individuell aus. Es ist deine Antwort. Es ist deine Meinung. Es ist deine Sichtweise. Punkt. Das ist gut so und natürlich vollkommen in Ordnung. Wenn es dir hilft kannst du gerne jederzeit (egal ob hier oder im weiteren Verlaufe des Buches) einen Zettel parat legen, um deine möglichen Gedanken aufzuschreiben. Fühl dich auch frei ins Buch zu schreiben, wenn du der Typ dafür bist. Je nachdem wie du dich eben wohl fühlst. Du hast eine Antwort oder mehrere Antworten auf die Vergleichsfrage gefunden? Top, dann heißt's jetzt wohl „Augen zu und durch" bzw. wir setzen uns in diesem Fall lieber eine Taucherbrille auf, sonst wird das mit dem Lesen eher schwierig ;) Es wird thematisch ohnehin etwas tiefer, dann können wir das modische Accessoire aus Plastik gleich doppelt gut gebrauchen. Ready? Ist mir im Grunde egal, denn mich hat die Schreibfreude gerade richtig gepackt.

Schiffbruch oder Segel verändern?

Wir machen jetzt eine kleine Gedankenreise, diesmal wird es ein wenig tiefgründiger als im Vorwort des Buches. Stelle dir dabei einfach das vor was du in den nächsten Zeilen lesen wirst. Je mehr du dich darauf einlässt, desto stärker wird die Wirkung sein. Das verspreche ich dir.

Du erblickst gerade das Licht der Welt. Du bist ab diesem Zeitpunkt auf einem Auge fast blind und hast von Beginn an chronische Angst vor Clowns. Dein zweites Auge ist nur etwas besser ausgestattet und so bist du von Geburt an auf eine Brille angewiesen. Soweit so gut? Könnte schlimmer sein, hab ich Recht? Du wächst in einem absolut toxischen Umfeld auf bzw. in einer Umgebung, das ganz fernab ist von einer sorgenfreien und wohl behüteten Kindheit. Familiäre und persönliche Schwierigkeiten prägen dein Leben bereits sehr früh. Die Folge daraus besteht aus Gewalt gegenüber dir selbst (Autoaggression) und du wendest diese Art von Konfliktlösung auch regelmäßig gegenüber deinem engeren Umfeld an. Alkohol-/ Drogenmissbrauch, gepaart mit kriminellen Aktivitäten (Einbrüche, Vandalismus, Ladendiebstähle, Schlägerein & Co) prägen deinen Alltag. So wächst du auf und sammelst tagein tagaus deine Erfahrungen, die dich natürlicherweise sehr prägen. Im Alter von 15 Jahren lassen sich deine Eltern scheiden und du bleibst mit ledgilich zwei deiner drei Geschwister vereint. Zusammen lebt ihr bei deiner Mutter, der Kontakt zu deinem Vater besteht eher sporadisch.

Wie fühlst du dich dabei während du diese Zeilen liest? Heftiges Schicksal, stimmst du mir zu? Ich frage anders. Würdest du das Leben des Jungen für dich oder für deine Kinder (falls vorhanden) in der Form wählen wollen? Würdest du gerne mit ihm tauschen? Wie schneidet deine Kindheit im Vergleich zu diesem beschriebenen Werdegang ab? Besser? Das hoffe ich zumindest. Wie fühlst du dich dabei ein besseres Los gezogen zu haben? Privilegiert? Froh? Erleichtert? Bist du dankbar für deine anderen und vor allem besseren Vorzeichen? Oder überwiegen die negativen Gefühle über das Schicksal des Jungen? Was machen Vergleiche mit uns? Und wovon hängen Vergleiche eigentlich ab?
Viele Fragen, das war uns ja im Vorfeld schon bewusst. Vor allem sind es Fragen mit sehr viel Tiefgang, ähnlich dem der Titanic. Daher ist es gut die Taucherbrille aufgesetzt zu haben, als hätte ich's gewusst. Wir werden noch ein wenig tiefer in die Materie eintauchen, denn dort folgen einige Antworten. Dafür wiederhole ich nochmal die zentralste Frage. Wovon hängen Vergleiche und unsere damit verbundene Sichtweise zu/von Vergleichen ab? Darauf kann ich dir eine fundamentale Antwort geben. Unser Blickwinkel hängt stark davon ab wie viele und vor allem welche Informationen wir bekommen. Es ist sogar vergleichbar mit der Sicht unter Wasser, denn dort ist unser Blick stark getrübt. Da hilft selbst die beste Taucherbrille wenig. Du hast dir bereits dein Sichtfeld gebildet, ob

das klar ist hängt von deiner persönlichen subjektiven Interpretation der vorhandenen Informationen ab. Denk doch nochmal an das kleine Gedankenspiel mit dem Kind zurück, denn das werden wir jetzt etwas intensivieren. Ich verspreche dir ein anderes Sichtfeld, da bin ich mir sicher. Sehr sicher sogar. Da ich weiss was jetzt kommt fühlt es sich für mich ein wenig an wie ein bevorstehender Tauchgang im Great Barrier Reef, natürlich ohne die Haie. Bist du bereit? Taucherbrille festzurren und los geht's.

> *Du entdeckst in deiner Jugend etwas, das dich motiviert, dich antreibt und dir Sinn gibt. Es ist die Liebe zur Musik und du bist Feuer und Flamme für dieses Hobby. Du begeisterst dich für alles was mit Rockmusik zu tun hat. Musikinstrumente (v.a. Gitarren haben es dir angetan) und so richtest du deinen Lebensinhalt danach aus. Du gründest deine eigene Rockband, startest neben deiner Schullaufbahn deine Musikerkarriere und steckst jede freie Minute in deinen Lifestyle. Das Problem an der Sache: Du fokussierst dich etwas zu sehr auf diese neu entbrannte Liebe zur Musik und es folgt der Rauswurf aus der Schule. Dabei bist du gerade mal 16 Jahre alt und du vesuchst alles um deinen „Rockerraum" am Leben zu erhalten. Du nimmst Jobs als Tankwart, auf dem Bau und auch im Callcenter an, um dir deine Musikkarriere irgendwie zu finanzieren. Sogar als Schauspieler versuchst du die notwendigen finanziellen Mittel aufzutreiben, um dich über Wasser zu halten. Dein Ziel ist es immer mehr als Rockmusiker so richtig durchzustarten und im Bestfall dabei berühmt zu werden. Das schaffst du auch, jedoch auf anderem Wege. Aus kleinsten Nebenrollen als Schauspieler wird mit der Zeit mehr und im Alter von 21 bekommst du durch einen Bekannten deine erste „größere" Rolle. Der Name des Bekannten? Nicolas Cage. Zu diesem Zeitpunkt bist du nach wie vor überzeugt deine Liebe zur Musik zu verfolgen und dich in dieser Branche zu verwirklichen. Das gelingt dir teilweise auch und es springen sogar Kooperationen mit den Red Hot Chili Peppers heraus, nur der erhoffte Durchbruch bleibt aus. Du bist entmutigt, denn der ersehnte Erfolg als Rockmusiker scheint weit weit weg zu sein. So bist du im Zwiespalt, ob du deinen Weg wirklich weiter gehen sollst, um deinen Erfolg zu forcieren. Mit 23 hast du plötzlich eine erstaunliche Erkenntnis: Aus der Schauspielerei, die du eigentlich nur als*

Existensabsicherung gewählt hast, wird plötzlich mehr. Deutlich mehr quasi und das überrascht dich sogar selbst. Es wird irgendwie von jetzt auf gleich zum Hauptbestandteil deines Lebens und du schaffst ganz nebenbei deinen persönlichen Durchbruch - in der Filmbranche. Im Alter von 40 Jahren wirst du schließlich als „betrunkener Pirat" weltbekannt und auch in der Zwischenzeit hast du einige beeindruckende Erfolge vorzuweisen. Dieser gewisse Piratenfilm wird zu einem internationalen Kassenschlager und spült rund 600 Millionen Euro in die Kassen. Das spricht irgendwie für sich und vor allem spricht es für dich. Im Anschluss daran folgen diverse Rollen als „Süßigkeitenfabrikbesitzer", der Kinder mit seinen tollen Naschereien in seine Sphären lockt. Es kommt zu einer weiteren Verfilmung, in der du wieder mal diesen einen betrunkenen Piraten spielst, sowie der Hauptrolle als „teuflischer Bartpfleger" oder auch als „ziemlich verrückter Hutmacher." Spätestens mit den darauffolgendem Piratendasein in vielfacher Ausführung kennt dich dann auch der letzte Mensch auf Erden. Du bist hinter einem gewissen Leonardo DiCaprio zwischenzeitlich der erfolgreichste Schauspieler Hollywoods, nur lässt dich dieses Ranking offensichtlich ziemlich kalt. Dein Name? Johnny Depp. Dein Status? Legende. Und du selbst? vermutlich überrascht.

Puh, das war ganz schön intensiv. Wie fühlst du dich? Die Geschichte, in die ich dich gerade hineinversetzt habe, ist echt. Die Karriere von Johnny Depp ist echt und du wirst beim Lesen mit Sicherheit einige Gedanken im Kopf gehabt haben. Hast du die Kindheit von Johnny Depp noch vor Augen? Oder ist sie durch den zweiten Teil der imaginären Reise total verschwommen? Das war meine ganz bewusste Absicht, dich ein wenig zu ködern. Eigentlich verblüffend wie einfach es geht, denn das Gehirn springt natürlich auf all diese vorhergehenden negativen Details an. Sorry dafür ;) Was waren deine Gedanken, als du den frühen Werdegang von Mr. Depp verfolgt hast? Wie sieht deine Piraten-Gedankenwelt jetzt aus? Anders? Mit hoher Wahrscheinlichkeit sogar, denn mit immer mehr Informationen über sein Leben hat sich deine innere Einstellung verändert. Genauer gesagt eher um 180 Grad gedreht. Doch was ist passiert? Ich habe doch nur ein paar Details ergänzt. Was haben diese Erweiterungen nun in dir bewirkt?

Mehr Informationen lassen dich anders denken. Und das ist genau die Grundlage von Vergleichen. Ich meine hättest du dein Leben mit dem jungen Johnny tauschen wollen, als er all diese Schwierigkeiten zu überstehen hatte? Nein? Vermutlich eher weniger, da sind wir schon zu zweit. Ich bin mir sicher jetzt denkst du deutlichst anders darüber. Du magst unter Umständen mit dir selbst hadern und einen „wäre schon ganz nett an seiner Stelle zu sein"-Gedanken in deinen Kopf haben. Das ist vollkommen in Ordnung. Er ist 60 (ja ich weiß, krasse Erkenntnis, wir werden alle alt...) und die ganze Welt kennt ihn. Er ist charismastisch, erfolgreich und hat vermutlich finanziell ausgesorgt. Das hoffe ich zumindest für ihn, kleiner Finanzberaterwitz am Rande. Es gibt mit Sicherheit eine Menge Menschen, die gerne und auf Knopfdruck mit ihm tauschen würden. Wärst du auch lieber an seiner Stelle? Hättest du gerne Millionen von Dollar auf deinem Konto? Na gut, die Summe in Euro wäre vermutlich auch in Ordnung. Hättest du gerne seine Fähigkeiten, seinen Status oder ganz allgemein seinen Status? Deine Antwort ist ein „wäre schon ganz nett" oder ein fettes **JA**? Alles gut, ich kann's verstehen. Ich fänd's schließlich auch ganz cool Groupies in jeder einzelnen Metropole dieser Welt zu haben. Warte mal, jetzt kommen nämlich die entscheidenden Fragen:

BIST DU NEIDISCH AUF IHN? Oder MOTIVIERT DICH SEIN ERFOLG BZW. SEINE GESCHICHTE?

Vergleiche sind immer subjektiv und sie laufen schon im Unterbewusstsein ab. Wir vergleichen also schon bevor wir es überhaupt merken, verrückt oder? Das Urteil steht sozusagen bereits fest und dabei bleibt es im Regelfall auch. Also auf was gilt es zu achten? Ich meine Gegenüberstellungen wird es immer geben und dabei stellt sich eine weitere zentrale Frage: Was machen wir daraus? Was haben wir davon. wenn wir nach etwas streben was Johnny Depp beispielsweise hat?

Negative Emotionen -> Negative Gedanken

(Eifersucht/Neid/Missgunst...)

= NEGATIVITÄTSKREISLAUF

ODER

Positive Emotionen -> Positive Gedanken (Motivation/Ansporn/Inspiration...) = POSITIVITÄTSKREISLAUF

Bleiben wir einmal beim Thema Piraterie, Meer und Co. Ich stelle dir jetzt ein paar Fragen, um dich einzuladen über die eben beschriebene Thematik nachzudenken. Eine kleine Info als Ergänzung - Positivität schließt Negativität IMMER aus, das Gleiche gilt auch andersherum. Also entscheide weise und bedacht. Ich würde sagen sei ein bisschen dein eigener Jack Sparrow, nur ist der bekanntermassen öfter mal betrunken und wir wissen ja alle wozu Entscheidungen in diesem Zustand führen.

- Welches Fahrwasser hast du bist jetzt gefahren?
- In welchem Meer (+/-) fischt du aktuell?
- In welche Richtung möchtest du in Zukunft schwimmen?

Du hast deine Antworten bestimmt bereits im Kopf und du wirst (d)eine persönliche Sichtweise zu Vergleichen haben. Das ist gut so, das ist wichtig so und das gehört sich auch so. Denn wir wissen ja mittlerweile, dass wir alle anders bzw. einzigartig sind. Du. Ich. Wir alle.

BEHIND THE SCENES vs. HIGHLIGHT REEL

Wie stehst du allgemein zum Thema Social Media? Ich formuliere die Frage ganz bewusst etwas offener, weil es sich natürlich um ein sehr breites Spektrum handelt. Ich möchte dich nur anregen dir ins Bewusstsein zu rufen wie intensiv, wie oft/lange und wozu du gewisse Apps nutzt. Die Antworten auf die Fragen fallen sicher total verschieden aus, dem bin ich mir bewusst, denn Facebook, Instagram, Snapchat und wie sie alle heißen bieten uns ja Möglichkeiten ohne Ende. Auf die Frage „wer benutzt wen, du die Apps oder die Apps dich?" solltest du dagegen eine klare Antwort haben. Wäre zumindest von Vorteil. Für dich, deine angeborene Gabe bewusst zu reflektieren und somit vor allem für deinen Monk.

Ich hoffe du herrscht über die Verlockungen, die täglich genau dafür entwickelt werden, um unsere Aufmerksamkeitsspanne noch weiter zu senken und uns so lange wie möglich vor dem Bildschirm zu halten. Ich

hoffe du hast das soweit fest im Griff. Vorübergehend und dauerhaft. Du hast die Macht/Entscheidungsgewalt über die Nutzungsweise deiner Geräte? Gut. Dieses Bewusstsein brauchen wir, denn wir leben in höchst interessanten Zeiten, das ist dir mit Sicherheit klar.
Unsere Gesellschaft besteht mehr denn je aus diesem „schau mal wie toll mein Leben ist"-Gehabe und seien wir mal ehrlich. Das eskaliert doch gerade in einem Maße, das für uns alle weit weg von „gesundem Medienkonsum" ist.

Nutzen die Menschen diese Apps sinnvoll? Was bedeutet sinnvoll überhaupt? Die Antwort darauf ist auch wieder eine subjektive Interpretation dessen was uns wichtig ist und vor allem mit viel Bewusstsein wir durch die (digitale) Welt spazieren. Eine Sache ist klar: Selbstdarstellung und den damit verbundenen Ego-Push, das können wir doch alle. Die Frage ist vielmehr was passiert, wenn es zu viel des Guten wird? Damit sind weitere Überlegungen meinerseits verbunden und mir ist bewusst, dass ich mich damit auf einem sehr schmalen Pfad befinde. Auch Kritik daran bzw. dafür ist möglich, nur möchte ich dich ein wenig zum Nachdenken anregen. Was kaschieren diese Menschen mit ihrem überschwenglichen Onlineauftritt? Wie sieht ihr Leben hinter all den Filtern wirklich aus? Genau so wie dargestellt? Dann ist ja alles paletti. Selbst wenn anders gewählt/dargestellt, dann ist das die Entscheidung der einzelnen Influencer und quasi trotzdem alles in Ordnung . Also solange sich diese Personen an die allgemeingültigen Spielregeln der Online-/Offlinewelt (Gesetze, soziale Normen, usw.) halten natürlich, so viel sei dazu gesagt. Versteh mich bitte richtig, ich nutze soziale Medien jeden Tag und für mich bietet diese Art der Kommunikation gerade einen enormen Teil in Form von „wie halte ich Kontakt zu meinem Umfeld zu Hause." Deswegen bin ich vor allem aktuell und auch generell ganz weit weg davon Hasstiraden auf die Verfügbarkeit all dieser gigantischen Möglichkeiten zu schwingen, nur hinterfrage ich den Konsum für mich und möchte hierbei ein wenig aufklären.

Instagram & Co kann durchaus ein Karrieresprungbrett darstellen und ich gönne diesen Leuten diesen Erfolg von Herzen. Zudem höre ich immer wieder, dass all diese technischen Fortschritte Menschen aus aller Welt verbinden. Das merke ich selbst auch, vor allem seitdem ich für längere Zeit reise und sich mein Kontakt zu meiner Heimat ausschliesslich aus

Videotelefonie und anderen digitalen Mitteln zusammensetzt. Diese Seite der Medaille finde ich super, denn wir haben eine Vielzahl an Vorteilen, die mit der Nutzung dieser Applikationen einhergehen. Einzige Voraussetzung. Ich rede von einer WIRKLICH wichtigen Voraussetzung: WIR haben diese Anwendungen im Griff und reflektieren unser „ein-Finger-Workout" regelmäßig. Ich meine wir sind alle Teil des Spiels. Dabei ist die Frage weniger, ob wir spielen, denn es ist offensichtlich, dass wir es tun. Die Überlegungen sollten eher in die Richtung „wie/welche Rolle spielen wir in diesem Spiel" gehen. Du siehst, ich gebe mir äußerste Mühe auch den letzten Social-Media-Süchtigen auf der Welt zu verstehen, mich in seine Lage hineinzuversetzen und zugleich auch die Positivitäten der digitalen Welt zu schätzen. Ich frage mal anders. Wie sieht denn deine Bilanz aus? Screen time utopisch hoch, weil produktiv oder „am Vorteile nutzen"? Oder hast du das sogar mit wenig Bildschirmzeit geschafft? Dann ziehe ich meinen Hut (Karl Lagerfeld wäre stolz), denn deine Selbstherrschung bewundere ich. Du hast das Spiel um social media dann quasi durchgespielt, behalte dir das bitte bei. Mein innerer Monkey ist da gerade eher noch „living young and wild and free" und bringt mich nach 10-minütiger Fingergymnastik zu der Frage „was zum Teufel schau ich mir da auf Insta & Co eigentlich an? Wie kaputt ist mein Algorhythmus bitte?" Das ist schon ein Fortschritt, denn immerhin kommt der Gedanke oft gleichzeitig mit dem Entschluss das Handy lieber weg zu legen. Weit weg. Diese Entscheidung a la „genug Internet für heute" - dazu später mehr. Vor allem zu meinen scrollsüchtigen Monkeys und einem Monk, der dabei immer öfter den Kopf schüttelt. Verständlicherweise.

Unsere Reflexionsgabe ist eine super Option, um unsere Verhaltensweisen zu kontrollieren/überprüfen. Auf die damit verbundenen Entscheidungen kommen wir in Kapitel vier zu sprechen, ausführlich natürlich. Jetzt kümmern wir uns zunächst um die etwas dunklere Seite der Macht. Wir wissen ja, dass zur Wahrheit immer zwei Gesichter gehören. Und du weisst ja wie viele Gesichter auf Instagram täglich unterwegs sind, hab ich Recht? Nein? Ok, dachte ich mir fast. Deswegen helfe ich dir auf die Sprünge... es sind so ca. 500.000.000, täglich. Heftig die Zahl so zu lesen mh? Das ist schon eine Ansage und dabei ist das rein die Zahl von/für Instagram und ich habe mich bewusst dazu entschieden aus Eigenschutz weitere Nachforschungen zu unterlassen. Du kennst bestimmt den ein oder anderen Kontakt in deiner Freundesliste, der es objektiv formuliert dezent übertreibt bzw. ein wenig zu exzessiv auf diesen Portalen unterwegs ist. Stimmt's? Versteh mich bitte auch hier wieder richtig und es kann auch sein, dass ich mich wiederhole. Jeder kann (unter gewissen Richtlinien) tun und lassen was er/sie/es möchte. Schwierig wird's für meinen inneren Monk nur dann, wenn ich sehe wie sehr diese Menschen an einzelnen Events, Highlights und somit auch irgendwie am eigenen Leben mit offenen Augen vorbei laufen/leben. Handy in der Hand (oder was es auch immer heutzutage alle gibt womit die Leute rumlaufen - wir bleiben der Einfachkeit halber beim Handy), allzeit bereit.

Stell dir bitte ein großes Konzert vor, das passt sogar ganz gut zum vorherigen Beispiel von Johnny Depp. Vorband verschwunden, die waren eigentlich ganz ok und du freust dich auf die Hauptband. Ich meine, das ist ja irgendwie der Grund warum du da bist und warum alle Leute da sind, EIGENTLICH. Ich wechsel schnell in die Perspektive meines Monks, denn der freut sich schon immer auf das was dann kommt und auch relativ eskaliert ist in den letzten zwei Jahren. Bist du gedanklich mit am Festival-/Konzertgelände? Gut, denn jetzt kommt dieser eine kurze stumpfe Sound aus den Lautsprechern, gepaart mit diesem einen grellen Lichtblitz. Du wirst wissen was ich meine... was folgt? Zack bum, um dich herum sind die Handys so schnell gezückt, da wäre im mittleren Westen damals jedes Revolverduell gewonnen worden. Bei mindestens sieben von zehn Leuten um dich herum tritt das so ein, das ist zumindest mein Erfahrungswert. Was machen die Leute dann? Handy in der Hand, natürlich bereits lange im „Aufnahmemodus", um die Erinnerung ja auch sicher festzuhalten. Dabei schmunzel ich immer schon vor mich hin. Warum? Naja, hast du schon mal nen Star direkt nach dem Blitzlicht auf die Bühne kommen sehen? Nein, das gehört natürlich zur Show dazu und soll ja auch JEDEN so richtig neugierig machen. Mein innerer Monk schaut sich die „auf-play-drückenden" Monkeys der Menschen um mich herum ganz genau an und widersteht jeglichem Drang das eigene Handy zu verwenden. Das Lustige: Der Star lässt sich erst mal gute fünf Minuten Zeit und nutzt noch ein paar special effects, um auch die allerletzten Handys hervor zu locken. Ganz schön clever der Trick mit dieser Spannung und Vorfreude. Das

Gute daran ist ohnehin, dass man das Intro bzw. das ganze Konzert an sich durch die Linse deutlich besser sieht als mit den eigenen Augen. Ironie Ende. Vielleicht geht es dir gerade wie Sido und du hast gerade „diese Bilder im Kopf." Weiter im Text, der Star ist da und zelebriert sein besonderes Intro. Jetzt zurück zu dir, wie viele Handys siehst du während dem 1. Song um dich herum? Ich rede vom engstem Umfeld... 20-30? Mehr? Ganz schön viele Handys, vor allem Leben all deren Besitzer grad ganz schön am eigentlichen Event vorbei. Und wofür? Jetzt wird's ganz kurios. Im Grunde bevorzugen diese Menschen eine vollkommen verwackelte Aufnahme inkl. überforderten Lautsprechern und echt mieser Bildqualität. Es ist ja schließlich dunkel und dann gibt es ja auch noch diese grellen Scheinwerfer/Laser oder was auch immer. Fairer Tausch würde ich sagen - Moment einfach mitnehmen vs Aufnahme in heftigst schlechtem Stil zu machen, die sich die Leute dann vermutlich seltenst in voller Länge anschauen. Was könnte man denn da stattdessen machen? Direkt in den Papierkorb? Nein, immerhin hat die Aufgabe ja Lebenszeit und einen tolle Erinnerung gekostet. Zudem ist das Festhalten eines Handys für 10-15-20 Minuten irgednwann echt ätzend, deswegen lieber das Handy erst mal runternehmen und DIREKT auf Instagram, Snapchat & Co posten. Macht auch echt Sinn, denn dann gehen wir auf Nummer sicher das Konzert so wenig wie möglich verfolgen zu können und teilen es lieber direkt auf Whatsapp mit unseren Freunden. Mein ganz persönliches Highlight: Der Facetimeanruf aka Videotelefonie. Da leben dann Andere dein Highlight, yeah! Nur blöd, dass du dabei selbst auf der Strecke bleibst - und zwar so richtig. Da braucht mein Monk schon viel Gelassenheit bzw. erst mal eine Pause... zum Glück hat er alles im Griff und genießt das Konzert, dafür bin ich sehr dankbar.

Beenden wir hier einmal die Gedankenreise und springen wieder ins hier und jetzt. Ich denke du hast einen ganz guten Eindruck davon bekommen worauf ich hinaus will. Ich sehe leider die Tendenz immer mehr in diese Richtung gehen - sei es auf einem Konzert, auf Reisen oder was auch immer für Events anstehen. Ich frage mich dabei immer wofür sich die Leute denn überhaupt das Ticket kaufen? Für sich? Wohl kaum. Für Andere? Schon eher, so ist zumindest mein Eindruck. Ein Hoch auf alle, die Konzerte ohne „ich war da und hab's auch ganz sicher jedem geschickt" genießen. Hoffentlich gehen diese Props auch an dich. Ob du dich angesprochen fühlst, das wirst du nur selbst für dich beantworten können. Ich finde es einfach schade, dass Menschen immer mehr ihren eigenen Endgegner darstellen ohne wirklich zu merken welche tollen Erlebnisse dabei auf der Strecke bleiben. Leider ist die damit verbundene oberflächliche Selbstdarstellung zur Realität geworden. Oder sollten wir durch Insta & Co eher von einer geFILTERten Realität sprechen? Kommt vermutlich eher hin. Eine Vielzahl an Menschen nutzt diese Apps, ganz egal wie sie alle heißen, um ihr „perfektes Leben" zu präsentieren. Ist es denn wirklich so besonders oder wird der Post darüber einfach nur vorgeschoben, um im Gegensatz zu anderen Menschen/zum persönlichen Umfeld zu glänzen? Geht es wirklich darum besser zu sein? Sollten wir denn diese „Gewinner-/Verlierermentalität" da wirklich mit reinnehmen? Was sind die Beweggründe dabei? Ich habe meine Antworten darauf und du wirst deinen Realitätscheck als Reaktion darauf finden bzw. bereits gefunden haben. In der Zwischenzeit packe ich dir ein kurzes Zitat hier rein, dass ich einem nordindischen Cafe gefunden habe. Es hing an der Wand, hat mich quasi angelächelt während ich die Zeilen hier schreibe und so dachte ich mir ich nehme das einfach mit rein. Oft leitet uns das Schicksal und es bedarf wenig Erklärung worauf sich dieser Check beziehen sollte, eigentlich...

„Temporarily closed for reality check."
- schnuckeliges Cafe, Indien

Schonfrist vorbei, ich frage dich jetzt etwas direkter. Welche Motivation hast du während du etwas in den sozialen Medien postest? Es ist dein Leben und da bestimmst du die Spielregeln. Online und offline. Meine Absicht ist es nur deinen inneren Monk zum Vorschein zu bringen und die Reflexionsbrille aufzusetzen bzw. deine inneren Monkeys aufzuklären. Ist es mir gelungen? Du wirst deine Antwort darauf haben, da bin ich mir sicher.

Vergleiche sind alltäglich, für jeden von uns und überall. Ich mache es dir einfach und starte mit dem ersten richtigen Monk(ey)-Barometer des Buches. So lernst du erstens mehr über mich und meine interne Gedankenwelt (Monk <-> Monkeys) kennen und bekommst zugleich ein

Gespür dafür was dich in jedem der Kapitel des Hauptteils erwarten wird. Geniesse dabei deine externe und passive Rolle, denn bald schmeiße ich dich in bester Piratenmanier ins kalte Wasser.

-->

Monkeys *Monk*

Natürlich bin ich auf social media, das ist ein Fakt. Nur begegne ich diesem Thema, spätestens seit Beginn meiner Reise, mit mehr Abstand und noch mehr Reflexion. Ich erkenne immer mehr dieses aufgesetzte Lächeln und es ist auch wirklich verrückt wie viel dieser komplett doof aussehenden Posen ich auf der ganzen Welt beobachte seitdem ich mein Bewusstsein in diese Richtung gelenkt habe. Natürlich ist es amüsant die Leute dabei zu beobachten während sie total seltsame Dinge machen, NUR für ein Foto. Meinen inneren Monkeys gefällt diese Art von Unterhaltung natürlich. Ich kann es schwer ernst nehmen, schmunzel mittlerweile darüber und nehme diese Leute für mich als absolutes Negativbeispiel. Quasi ein „wie umgehe ich mich jemals so zu verhalten?" Ich mache auch Fotos, egal wo ich mich auf der Welt befinde. Ich bin jedoch mehr der „ich genieße den Moment und speicher mir genau diese Erinnerungen in meinen Gedanken ab"-Typ. Das klappt zu 80% wirklich gut und ich bin wirklich stolz auf meinen Fortschritt… mein innerer Monk sitzt in der Ecke und nickt mir grinsend zu. Nur ganz selten hole ich natürlich auch mein Hand raus, um mal ein Foto zu knipsen. Ich befinde mich auf einem guten Weg und darauf bin ich ein Stück weit stolz. Vergleiche haben für mich total an Macht und Einfluss verloren und so setze ich den Fokus viel lieber auf mich selbst. Ich vergleiche mich oft ganz bewusst mit meinem „gestrigen Ich" und frage mich Nachgang was ich davon für meine zukünftigen Gewohnheiten etablieren möchte. Aus diesen Gründen bin ich sehr zufrieden bzw. dankbar über meine Reflexionsgabe, denn es tut mir schlichtweg gut mich aus so jeglicher Form von Vergleichen rauszuhalten. Ich kenne meinen Wert und meinen Weg und ich weiß, dass ich dieses „gesellschaftliche Kräftemessen" lieber getrost zur Seite schiebe bzw. einfach ignoriere. Seit ein paar Wochen versuche ich mir immer mehr davor schon zu überlegen was ich am Handy überhaupt tun möchte - ein prophylaktisches Minimieren der Bildschirmzeit, wenn man so will. Das Vorgehen tut mir gut und gibt mir eine gute Struktur, die mein innerer Monk natürlich mit Handkuss nimmt.

Meine Monkeys hätten es gerne anders, nur die sehe ich aktuell eher durch das Fernglas. Sie schwingen von Baum zu Baum, ganz weit entfernt von meiner inneren Idylle.
Du siehst, das war ganz entspannt und ist im Grunde nur das Ergebnis von einfacher Selbstreflexion. Jetzt bist du dran... sei einfach ehrlich zu dir selbst und nimm es locker. Ich gebe dir bei jedem kommenden Barometer ein paar Fragen als Hilfestellung, wir wollen ja bei der leichten Lesekost bleiben.

Wie ist dein Monk(ey)-Stand?

- *Wie bewusst nutzt du social media?*
- *Wie sehr beeinflussen Vergleiche deinen Alltag?*
- *Was lösen Vergleich in dir aus? Positive oder negative Gefühle?*

--->

Monkeys *Monk*

„Trade your expectation for appreciation and the world changes instantly."
- Tony Robbins

Warum geben wir Vergleichen so viel Macht und Raum? Die Antwort ist relativ simpel, denn unser Gehirn ist darauf gepolt in Defiziten zu denken. Was fehlt uns zum persönlichen Glück? Wieso wurde mein Kollege befördert während ich den Job ähnlich gut mache? Wieso habe ich nur so viel Pech in der Liebe und all meine Freundinnen sind schon „angekommen?" Fragen über Fragen. Zum Glück, denn genau diese Fragen halten unser Gehirn auf Trab. Da kann man sich den Kopf über mögliche Szenarien/Schicksale/Negativitäten zerbrechen und das meiste davon wird dann auch als (sofortige) Anwort eintreten. So nutzen wir letztendlich Vergleiche und das ist gut so. STOP! Ironie Ende! Vergleiche sind tatsächlich meist teuflisch und lassen nur eine Sache folgen - Gedanken an ein fehlendes Puzzlestück. Dabei können wir nur verlieren! Ganz egal, ob es sich um ein Bedürfnis (z.B. „mein Sitznachbar hat ein Essen vor sich, das viel leckerer aussieht als mein fades Gericht."), einen Bedarf (beispielsweise „Herr XYZ kann sich so ein tolles Auto leisten und ich habe gerade mal diese alte Rostschüssel.") oder die Erfüllung eines Traumes („der Typ geht auf lange Reise, davon träume ich schon lange.") handelt. Was entsteht also durch solche Vergleiche? Was tun wir uns da eigentlich (unterbewusst) an? Richtig, Negativität - zum Glück hast du beim Gedankenspiel um Herrn Depp gut aufgepasst. Negative Emotionen, Stimmungslagen, Gefühle, Reaktionen, usw... und wieso? Warum tun wir uns das eigentlich an? Gute Frage und eigentlich ist die Frage an sich wirklich schon aussagekräftig genug. Im Grunde ist uns bewusst welche toxischen Auswirkungen Vergleiche auf uns, unsere Persönlichkeit und somit dann früher oder später auch auf unser Umfeld bzw. unsere Beziehungen haben. Was können wir also dagegen tun? Anders gefragt, was sollten wir sogar dagegen tun? Wir könnten doch eine Spielanleitung entwickelt, die wir erstens alle nutzen und zweitens reflektieren, um sie nach und nach zu verbessern. Somit würden wir negative Gedanken erkennen, eliminieren und in eine andere Bahn lenken. In welche Richtung könnte es da wohl gehen? Du ahnst es vermutlich, wir beamen uns einfach auf die andere Seite dieser Geraden und wandeln all die „Vergleichsnegativität" um. Ganz easy, eigentlich ;)

––––––––––––––––––––––––––––––––>

NEG *POS*

Seien wir ehrlich, ab und zu läuft's einfach sch****... und natürlich hätte man gerne die Gegenwart abgeändert bzw. das vorherige Ereignis ausradiert. Das ist ganz normal und da hilft auch „naiver Optimismus" wenig. Nur wenn's mal wieder kacke läuft, denk dran, dass Johnny Depp sogar mit seiner Scheidung einige Millionen Euro verdient hat. Vielleicht hilt's ja zumindest ein wenig und im Grundsatz weißt du ja von eh am besten, ob du ein zweifelnder Pessimist oder doch eher ein *reflektierter Optimist* bist. Vielleicht hängt es auch stark vom Zusammenhang der einzelnen Vergleiche ab. Du kannst gerne die Spielfigur deines Lebens auf der kleinen Skala oben einzeichnen. Wenn man so will könnte man es glatt als ein weiteres Monk(ey)-Barometer sehen, Zufälle gibt's. Es kann ziemlich einfach sein sich auf negative Sichtweisen zu konzentrieren, denn dann können wir die Schuld immer auf äußere Faktoren umwälzen. Das ist ganz praktisch, denn wenn der Fehler, das Defizit oder der Grund außerhalb von uns liegt, dann sind wir ganz fein raus. Echt praktisch dieses Gehirn, denn es liefert uns sogar noch passende Erklärungen warum wir im Recht sind. Nur doof, dass so die Negativität eine Eigendynamik annimmt. Wir setzen uns somit selbst „Schach matt", meist sogar unterbewusst. Deswegen ist es umso wichtiger ein wenig

Aufklärung zu betreiben, für dich und dein Umfeld. Du ahnst vermutlich auch bereits welchen Weg ich für mich wähle und mit welcher der beiden Seiten ich deutlich mehr Lebensfreude habe - noch mehr als ohnehin.

NEID		*WERTSCHÄTUNG*
MISSGUNST		*WÄRME*
EIFERSUCHT	**<->**	*WOHLWOLLEN*
HASS		*LIEBE*
= DENKEN IN DEFIZITEN / PROBLEMEN / KRISEN		***= DENKEN IN FÜLLE / OPTIONEN***

Du bist am Zug, wähle deinen nächsten Schritt weise. Sei dir dabei einer Sache bewusst: Die Entscheidung für eine Seite schließt die andere Option kategorisch aus. Auch hier hast du die Karten in der Hand, es stellt sich nur die Frage wie du ausspielst.

DAS SPIEL DE(INE)S LEBENS

Du kannst also deine Gedanken steuern und somit auch deine Einstellung zu den guten alten Vergleichen. Wenn wir unsere inneren Vorgänge reflektieren, anpassen und kontrollieren können, dann passiert etwas Magisches. Wir haben die Macht über die Vergleiche und können ganz frei für uns entscheiden, ob uns die laute Außenwelt mit all den wilden Monkeys im Griff hat oder wir uns lieber auf unsere ruhige Innenwelt mit einem reflektierten Monk fokussieren.

Wir denken wir nehmen die Wirklichkeit wahr, was wir sehen/riechen/ fühlen... doch ist das tatsächlich der Fall? Nein. Wir denken lediglich es ist die Realität, doch im engeren Sinne nehmen wir alles was um uns herum geschieht subjektiv wahr. Was heißt das genau? Lass es mich anders erklären. Im Grunde gehen wir mit einer rosaroten Brille durch die Welt. Genau dieses modische Accessoire ist durch deine bisherigen Reisen (Erfahrungen) voreingestellt, quasi hellrosa bis kräftigrosa, je nach deiner Vorprägung. Ohne dieses Bewusstsein gehen wir meist durch die Welt und unserem Empfinden nach läuft ja auch alles richtig. Es handelt sich ja bekannterweise um Subjektivität und so verzichten wir meist auf eine genaue Inspektion unserer Brille bzw. Ansichten.

„Alles was wir hören ist deine Meinung (…).
Alles was wir sehen ist eine Perspektive (…).“
- finden wir noch heraus

Die Frage ist daher was wir sehen wollen, denn genau das werden wir wahrnehmen - Näheres hierzu schauen wir uns zu einem späteren Zeitpunkt (Kapitel drei) noch exakter an. Bis dahin kannst du ja positiver Sichtweise profitieren und deine Brille schon jetzt bewusst mit einigen Feinschliffen versehen. Eventuell strahlt sie dann eines Tages sogar so hell und du steckst dein Umfeld damit an - du wirst es früher oder später herausfinden. In der Zwischenzeit bleibst du hoffentlich du selbst, lebst für dich, bleibst dir selbst treu und hast vor allem Spaß dabei. All das sind die Vorteile (d)einer positiven Gedankenwelt und so werden Vergleiche immer zweitrangiger. Manchmal kommt dann sogar dein innerer Monk vorbeispaziert, schenkt dir sein schönstes Lächeln und flüstert dir ein „das fühlt sich richtig gut an diesen Schritt zu gehen" ins Ohr. Dann solltest du auf ihn hören, Vertrauen in diese Botschaft haben und an die Macht eines guten Rates zu glauben. Außer du stehst an einer Felskante, dann solltest du lieber nochmal in dich gehen und reflektieren ;) Ich teile jetzt eines meiner Lieblingslieder mit dir, denn vor allem sind es ein paar spezielle Zeilen dieses Songs, die mich immer wieder zum Grinsen bringen und mir tatsächlich ein „gutes Gefühl“ (Interpret: Fargo) geben. Es heißt darin „... und du brauchst nur ein gutes Gefühl dabei“ und es beschreibt das klassische Bauchgefühl so enorm gut. Es bringt mir sofort mehr Bewusstsein über meine Gedankenwelt und ich hoffe es beeinflusst auch deine Stimmung im positiven Sinne. Es dann auch in der Praxis anzuwenden wird dir sehr viele Möglichkeiten sichern. Der Song geht sogar noch weiter und bringt's meiner Meinung nach auch hier treffend mit „(...) wenn du liebst was du machst kommt der Rest" auf den Punkt. „(...) du findest deinen Weg, wenn du dir selbst vertraust. Es wird passieren wenn du dran glaubst." rundet es dann perfekt ab. Open end.

In dir *<- Glück finden ->* ***im Vergleich***

Welche Einstellung wählst du für dein Spiel des Lebens?

Jetzt schieben wir das Spielbrett nochmal zur Seite und schippern zurück ins Jahr 1993. Johnny Depp (zu dem Zeitpunkt war er noch knackige 30 Jahre alt) hat im Rückblick auf sein Leben ein interessantes Interview gegeben. Darin ging es um seinen damaligen „Nebenjob" als Schauspieler und das Zitat „ich spüre, dass es notwendig war etwas zu erschaffen" hat etwas in mir ausgelöst. Als ich das gelesen habe während ich für das Buch recherchiert habe, hatte ich ein sofortiges warmes Glücksgefühl in mir. Irgendwie hat er mir damit voll und ganz aus der Seele gesprochen. Den Gedanken, den er dort beschreibt. Das ist gerade exakt meine Emotionswelt, wenn ich an das Buch denke. Ich möchte es erschaffen und bin gerade dabei genau das zu tun. Und was soll ich sagen? Geile Sache irgendwie. Im wahrsten Sinne des Wortes einfach ein „gutes Gefühl." :)

Jetzt genug über mich, wir kommen nochmal zu dir. Wie ist deine Lebenseinstellung? Im Moment? Allgemein? Passen deine Gedanken/ Emotionen/Gefühle mit deinem Lebensstil -/inhalt zusammen oder kollidiert es? Du wirst deine Antwort für dich kennen. Welche Rolle spielen dabei deine Leidenschaften, deine Hobbies und sonstigen Aktivitäten, die du gerne tust? Egal was du darauf als Antwort in dir findest, du wirst in den weiteren Kapiteln noch mehr Gedankeninput bekommen. Hauptsache erst einmal entspannt und aus innerer Motivation an die Sache herangehen, denn Motivation von außen bzw. durch Vergleiche ist meist temporär. Das solltest du tatsächlich regelmäßig für dich hinterfragen, denn es gibt dabei stets eine andere Antwort. Meist sogar verschiedene Reaktionen auf die eigentlich gleiche Frage. Du siehst, Subjektivität gibt's sogar in der Subjektivität. Bleib authentisch und vor allem bleib du.

„Der Vergleich mit anderen macht dich blind
für das Original, das du bist."
- Laura Seiler

HORIZONTERWEITERUNG DELUXE

Die Weltreise zu machen war/ist schon jetzt eine verdammt gute Idee. „Klar schreibt er das, sonst würde er ja ziemlich doof dastehen" mag jetzt vielleicht dein Gedankengang sein. Das ist mir ziemlich egal, denn ich meine es genau so wie ich es schreibe und zugleich verrate ich dir auch wieso ich das schreibe.

Auf der Reise habe ich bereits bis heute so viele tolle liebenswürdige Menschen kennenlernen dürfen, die mich mit ihrer Art, ihrer Offenheit und ihren einzigartigen Hintergründen sehr bereichert haben - egal in welchem Land, egal zu welchem Zeitpunkt und komplett egal unter welchen Umständen. Was ich mit diesen Menschen gemeinsam habe? Vermutlich sehr wenig. Stop! Falsch gedacht, denn das ist schon jetzt eine der größten Erkenntnisse meiner Reise. Trotz vermeintlichen und auch tatsächlich tausenden Unterschieden (Herkunft, Erziehung, Erfahrungen, Reiseroute, Persönlichkeit, Einheimischer/Reisender, usw.) gibt es IMMER Gemeinsamkeiten. Also wirklich IMMER. Ich liebe diese neue Erfahrung schon jetzt und das Bewusstsein darüber werde ich mir sicher für den Rest meiner (Lebens)-Reise beibehalten. Den Fokus darauf zu legen was uns miteinander verbindet macht mich glücklich und ist der Türöffner für jede Art von Kommunikation. Egal ob mit oder ohne Sprache, egal mit wem und erst Recht egal in welchem Land man sich gerade befindet. Wieso sollten wir uns auf Unterschiede konzentrieren? Differenzen sind meistens so groß, dass sie Barrieren (in unseren Köpfen) entstehen lassen und wir somit den Kontaktpunkt zum jeweils Anderen verlieren. Wie schaffen wir es also diese Grenzen zu umgehen? Durch den Fokus auf Gemeinsamkeiten, quasi dem Suchen danach. Wer das tut, der findet bekanntlich auch und mir macht es mittlerweile mehr Spaß denn je nach genau diesen Gleichheiten zu graben. Ich nehme dich nun mit nach Sri Lanka und es war ein zentraler Bestandteil meines 1. Tages auf dieser wundervollen Insel. Es wird auch nur eine kurze Anekdote, Ehrenwort.

Auf den Zug wartend stehe ich am Bahnsteig, habe Kopfhörer mit meiner Lieblingsmusik in meinen Ohren und schaue eigentlich nur ein wenig verträumt durch die Gegend. Gute Vibes, gerade dabei ein neues Land zu erkunden - was will das Reiseherz mehr? Mein Blick schweift nach links und ich sehe einen älteren Mann auf mich zukommen. Im ersten Momente denke ich mir „so sehen also Sri-Lankaner aus." (Singhalesen ist die richtige Bezeichung, habe ich im Nachgang gegoogelt - nur für die Vollständigkeit.) Der Herr bleibt vor mir stehen und ich, kurzzeitig etwas verwirrt, nehme meine Kopfhörer raus. Er schaut mich an und sagt in feinstem bayerischen Dialekt „Griaß di, wo fahrst'n du hi?" Ich bin wirklich selten sprachlos, nur der Herr schafft es auf Anhieb mich meiner Worte zu berauben. Aus der Anrede wird ein lockerer Smalltalk und es stellt sich heraus, dass er tatsächlich auch aus Bayern kommt. Er ist auf Sri Lanka, um seine Tochter inkl. Familie im Süden der Insel zu besuchen. Na gut, ich bin jetzt weit davon entfernt ein Kind bzw. eine Familie auf Sri Lanka zu haben, nur gab es eben eine sofort auffallende Gemeinsamkeit. Im Grunde sogar mehrere, wenn man so will. Die gleichen geografischen Wurzeln, die damit verbundene Sprache (davon auch noch den schönsten Dialekt des Landes), der gleiche Zug in Richtung Süden und vor allem den Austausch über seine Heimatstadt, die gleichzeit meinen eigentlichen Wohnort in Deutschland darstellt. Wir kennen die jeweils andere Stadt sehr gut und können uns bestens darüber austauschen. Im Mittelpunkt steht dabei natürlich der bayerische Nationalstolz, ganz klar. Manchmal ist die Welt eben doch ein kleines Dörfchen, auch wenn man sich an einem ganz anderen Ort auf diesem Planeten befindet. Aus all diesen kleinen gemeinsamen Brocken entsteht ein sehr angenehmes und lang andauerndes Gespräch, das wir beide sehr geniessen. Die Zugfahrt vergeht immens schnell und der nette Herr hilft mir am Ende noch an der richtigen Station auszusteigen. Einfach ein tolles Erlebnis, durch und vorallem zwecks Gemeinsamkeiten…

Warum erzähle ich dir diese Geschichte? Ich möchte dich durch dieses Beispiel ein wenig sensibilisieren für all diese kleinen und großen Gemeinsamkeiten, die überall auf der Welt darauf warten von dir entdeckt zu werden. Wie wir sie finden? Mit Offenheit. Was brauchen wir dazu? Eigentlich reichen erst einmal deine beiden Augen. Die zwei Ohren und dein Mund sollten dabei auch ganz gut helfen, um in Interaktion zu treten. Das ist eigentlich auch schon alles was du dazu brauchst, so simpel ist es manchmal.

Damit schließen wir nun Kapitel Nummer eins und es passt tatsächlich richtig gut. Geplant? Eher Zufall. Was wirklich geplant war? Dir ein Gespür für Vergleiche zu vermitteln, mehr in Form von „was verbindet uns miteinander?" anstatt „was trennt uns voneinander?" Zudem ist es mein Anliegen die Weltreise als Beispiel dafür zu nehmen die Hintergründe, die Geschichten, die Situationen und die Einzigartigkeiten deiner Mitmenschen zu erkennen. Ich sitze bereits im Boot und habe die Ruder in der Hand, kommst du mit an Board?

<u>KAPITEL</u>   <u>ZWEI</u>

K O M M U N I K A T I O N

„Ein Lächeln versteht man in jeder Sprache."

- scheinbar ein Glücksmensch

Kurz gesagt, ein weiteres bedeutendes Thema. Für mich. Vermutlich auch für dich. Du wirst dir schon bald dein eigenes Bild dazu machen. Ich leite den Inhalt änhlich ein wie in Kapitel eins und schicke deine Gedanken auf eine Reise. Diesmal bleiben wir fern von der Piraterie um Johnny Depp und fokussieren uns auf ein sehr interessantes Land. Also Augen auf, davor evtl. einen Tee/Kaffee machen, denn es geht gedanklich ins Inland von Indien, irgendwie östlich und zugleich auch südlich. Die genaue Beschreibung würde dich noch mehr verwirren, glaube mir. Fakt ist, du bist einfach in Indien. Punkt. Du bist ready? Dann starten wir die Motoren.

Du sitzt zusammen mit deinem Reisepartner im Bus. Dieses Gefährt hat seine besten Zeiten schon lange hinter sich, es ruckelt von allen Seiten und du wirst bei jeder Kurve bzw. kleinsten Bodenwelle ordentlich durchgeschüttelt. Wie lange das schon so geht? Fünf Stunden. Fünf lange Stunden sozusagen. Seeeeeeeeeehr lange. Die Strecke? Eigentlich nur 200 Kilometer, nur zieht sich die Sache länger als ein heftig ekeliger Kaugummi, der sich unter deinem Sitz befindet. Die Zeit vergeht langsam, ungefähr so langsam wie sich dieses antike rustikale Fortbewegungsmittel bergauf bewegt. Es ist langweilig und es zerrt an deinen Kräften, auch wenn du eigentlich nur sitzt und existierst. Einzig dein Blick auf das Tal und die bergige Landschaft bieten ein wenig Abwechslung. Deine Motivation noch weitere 50 Kilometer vor dir zu haben und dabei sekündlich zu erleben wie heftig der Motor des Busses beim Hinaufackern der Steigung aufbrüllt, das lässt deine Kräftereserven noch weiter schrumpfen. Du bist reizsatt und dir fallen bereits das ein oder andere Mal die Augen zu. Du bist k.o., fertig, erschöpft, such dir ein Adjektiv deiner Wahl aus. Alles was du jetzt bräuchtest wäre ein Bett... doch auf einmal erregt etwas deine Aufmerksamkeit. Es ist weniger ein Etwas, sondern ein Jemand. Drei Reihen vor dir befindet sich ein zweijähriger Bub, der mehr auf seinem Sitz kniet als er tatsächlich sitzt. Sein Blick ist in deine Richtung gelenkt und du bemisst seinem schelmischen Vorhaben zunächs wenig Beachtung, noch. Der junge Herr kann gerade mal so über die Lehne seines Sitzes schauen, nur er mustert dich von oben bis unten. Dabei wirkt er etwas verwirrt, denn offensichtlich sehen du und dein Reisepartner komplett anders aus wie er selbst. Er nimmt sich ausführlich Zeit dich weiterhin zu betrachten und diese Art von Unterhaltung kommt dir gerade Recht, denn du bist nach wie vor ziemlich gerädert. Du beschließt in das kleine „Katz und Maus"-Spiel einzusteigen und wirfst ihm einen kurzen Blick zu. Seine interessierten indischen Kinderaugen sind ganz aufmerksam und sehr fokussiert auf dich gerichtet. Er schärft dabei seinen Blick und du kannst sein Interesse an dir und an der aufheiternden Situation förmlich greifen. Dein Blick bleibt starr und als er den Blickkontakt erwidert kommt dir ein sofortiges Schmunzeln über die Lippen. So eine Art von kleinem Lächeln wie es eben nur Kinder schaffen aus dir herauszulocken. Was macht er dabei? Er merkt natürlich sofort, dass er die Ursache für deine aufmunternde Gesichtsentgleisung ist und steigt sofort mit ein. Er grinst instinktiv. So bemerkst du gleich eine Sache: Es ist dieses kräftige herzliche Lächeln, das nur die kleinsten Geschöpfe so hinbekommen. Sozusagen eine Mundpartieveränderung der allerherzlichsten Art, die tief aus dem kindlichen Herzen kommt - eine Intensität von der du wünschtest du und dein Umfeld hätten mehr davon! Es entsteht also aus diesem kurzen Blickkontakt-Intermezzo eine länger andauernde Interaktion, einfach zufällig. Du weißt, die unterhaltsame Verbindung zwischen euch beiden wird erst dann abreißen, wenn der Junge, gemeinsam mit seiner kleineren Schwester, sowie Mama und Papa aus dem Bus aussteigt. Also, das ist deine Chance. Jetzt oder einschlafen quasi, das sind deine Optionen. Es ist deine Möglichkeit etwas Spannung in die ganze öde Busfahrereiidylle zu bringen und du ergreifst die Möglichkeit natürlich. Er grinst auch schließlich weiterhin zuckersüß in deine Richtung. Wie du darauf reagierst? Natürlich lächelst auch du fortlaufend zurück und du ziehst dabei die ein oder andere doofe Grimasse. Dabei sind so doofe Gesichtszüge enthalten, dass dich dein Reisebuddy und andere Mitfahrende teilweise sogar etwas verwirrt ansehen - wozu dich Langeweile in Bussen bringen können ist erstaunlich. Das ist dir ziemlich egal, denn du hast schließlich Spaß, gepaart mit lang ersehnter Abwechslung. Du befindest dich auf einer Mission und machst es dir zur Aufgabe dein Vorhaben euch gegenseitig zu bespaßen durchzuziehen, komme was wolle. Es beschert euch Beiden nämlich zwei Dinge: Positive Emotionen und eine plötzlich lustig werdende Busfahrt. Du genießt es, der Bursch hat ebenfalls die Freude seines noch jungen Lebens und man sieht ihm das deutlichst an. Dabei strahlt er diese besondere Wärme aus *und du weißt bereits in diesem Moment, dass dieses „give and go" das größte Highlight deines Tages sein wird. Es lässt dich schließlich schmunzeln und das sagt viel aus, eigentlich sogar alles. Die weitere Zeit vergeht wie im Fluge und plötzlich ist es soweit. Du würdest es gerne verhindern, nur du kannst den Jungen ja schlecht entführen... die Familie steigt aus. Irgendwie traurig, denn es ist doch gerade so schön. Zudem kennst du die Kilometeranzahl, die dir das Navi noch anzeigt. 20 Kilometer. Wie sollst du denn die überstehen? So ganz ohne süßes indisches Kinderentertainment während all diesen vielen Bergserpentinen, bei denen dir normal nur beim Gedanken daran schon übel wird. Was bleibt dir also? Eine wunderschöne Erinnerung. Vor allem ist es dieses überglückliche Kinderlachen, das dich noch lange an diese dann doch abwechslungsreiche Busfahrt in Richtung eines süd-ost-mittel-indischen Bergdörfchens zurückerinnern lässt.*

Ende der Imaginationsrunde. Schade mh? Vielleicht hättest du gedanklich gerne noch mehr Zeit mit dem Jungen oder in Indien verbracht. Kann gut möglich sein, nur will ich es hier an der Stelle dabei belassen. Jetzt steht die Nachbearbeitung an, was sich zugegebenermaßen etwas hart und trocken anhört. Da ich deinen inneren Monk nur so semi stressen möchte gehen wir das Ganze einfach komplett entspannt an. Die zentrale Frage: Was genau ist bei dieser Geschichte, die mir exakt in dieser Form passiert ist, geschehen? Wie definiert man diese Interaktion zwischen mir und dem kleinen Jungen im klassichen Sinne? Es hat zutiefst „gezwischenmenschlicht" (Wortneuschöpfung), wir haben uns ausgetauscht, im Grunde haben wir kommuniziert. Aus einem völlig belanglosen Zusammenhang heraus und an einem extrem fremden Ort, zumindest für mich. Zwei Persönlichkeiten, die total unterschiedlich sind und jeweils eine komplett verschiedene Sprache sprechen. EIGENTLICH. Na gut, einer von uns lernt das Sprechen auch erst noch. Trotz diesen unterschiedlichsten Vorzeichen haben wir uns bestens verstanden - NUR mit einem und durch ein Lächeln bzw. eine Aneinanderreihung dieses Glücksausdrucks. Es mag sein, dass ich jetzt ein wenig zu euphorisch werde, nur fasziniert mich diese Geschichte selbst in einem sehr bedeutenden Maße. Dich auch? Na hoffentlich.

Du erinnerst dich mit Sicherheit noch an das Ende von Kapitel eins - Stichwort Barrieren und Differenzen sozusagen. Dieses Intermezzo ist doch ein wunderbares Beispiel dafür was eine kurze Veränderung unserer Gesichtsmuskulatur bewirken kann. Es überwindet sofort viele dieser kulturellen und persönlichen Diversitäten. So ein kleines banales Lächeln ist also schon so bedeutend für unsere Interaktionen und all das Große was daraus entstehen kann.

„Achte auf das Kleine in der Welt.
Das macht das Leben reicher und zufriedener."
- Carl Hilty

WIE DU MIR SO ICH DIR ?!

Wenn das Kleine (dein und mein Lächeln) bereits so viel Großartiges bewirken kann, wieso hegen wir dann eigentlich viel zu oft derartigen Groll? Gegenüber uns selbst. Gegenüber unseren Mitmenschen. Was wäre dabei die deutlich einfachere Lösung? Sollten wir vielleicht anfangen mehr und vor allem regelmäßiger mit einem offenen sympathischen und aufrichtigen Lächeln durch die Welt gehen? Könnte eine gute Idee sein. Könnte sogar das Umfeld dazu bringen zurück zu lächeln. Das Beste daran, diese Form der Interaktion ist kostenlos und ist für jeden von uns verständlich. Ob das unserer deutschen „eigentlich geht's mir gut, doch ich grantl trotzdem vor mich hin"- Mentalität der Regelfall werden wird? Man munkelt. Wir können auf jeden Fall unseren aktiven Teil dazu beitragen, sozusagen eine neue „me too"-Bewegung. Positive Ausstrahlung steckt sogar an und zieht an, das ist ja quasi Allgemeinwissen. Oder wie hat dein Partner/deine Partnerin (m/w/d) dich von sich überzeugt? Mit einer monotonen Nullbockfresse? Kommt vielleicht vor. Wahrscheinlicher ist, dass es durch ein (inneres) Lächeln oder die Interaktionen, die auf das sanfte Lachen früher oder später folgten. Du wirst es selbst am allerbesten wissen. Oder du wirst es womöglich noch herausfinden. Es bleibt also spannend. Vielleicht ist es auch gerade schon spannend? Du wirst es (mit einem breiten Schmunzeln) für dich beantworten können.

Das Lächeln ist ein absolut wichtiger Bestandteil unserer kompletten Kommunikation, so viel steht schon mal fest. Wir Deutsche, zumindest ein Großteil unserer gleichsprachigen Mitbürger, haben diese Macht der positiv behafteten Mundwinkelanpassung leider ein Stück weit verloren.

Ich meine wir heißen sogar ab und zu Ernst, wo gibt's das sonst auf der Welt? Stell dir das doch mal im emotional aufgeflammten spanischsprachigen Raum vor. Genug Imagination... Wie sieht's bei dir aus, Team Lachenthusiast oder Abteilung Miesepeter? Es kann auch sein, dass verschiedene Charaktere aus deinem Umfeld in deinem Kopf aufploppen und sie rufen dir laut „Kuckuck, hier bin ich" zu. Vielleicht ist ein Ernst dabei, schenke ihnen dennoch einmal kurz einen Gedanken und spüre welche Emotionen sie dabei in dir auslösen. Viele frech grinsende Monkeys und ein zutiefst schmunzelnder Monk? Du wirst es ganz automatisch merken.

Wir haben in Deutschland ein schönes, sicheres und behütetes Umfeld, auf das wir stolz und wofür wir dankbar sein können. In so vielen anderen Teilen der Welt hoppelt der Hase ein wenig anders, oftmals hinkt er sogar heftig. Ein Großteil dieser Länder hat einen deutlich niedrigeren technologischen und ökonomischen Standard und ist meilenweit von unserem privilegierten Forschritt/Status entfernt. Genau diese Staaten sind uns trotz dieser Vorzeichen mit etwas voraus, damit meine ich **deutlich** voraus - mit Dankbarkeit, Wertschätzung, Lebensfreude und dem damit verbundenen Lächeln, das wirklich tief verankert ist. Genau das strahlen diese Menschen aus und diese „Mundwinkel nach oben zieh" -Mentalität lässt mich auf ein Land kommen, dass ich vor etwas längerer Zeit bereist habe - die Kapverden. Um deine (vermutlich aufkommende) Frage der geografischen Lage zu beantworten, es handelt sich um eine Inselgruppe im westlichen Afrika. Für mehr Infos bitte einfach die Suchmaschine deines Vertrauens anwerfen, danke. Was besitzen die Menschen dort? Anscheinend alles was sie brauchen. Was haben die Einheimischen noch? Ganz viel Zwischenmenschlichkeit und vor allem ein tiefes breites Lächeln im Gesicht. Egal zu welcher Zeit, egal an welchem Ort. Sogar ganz egal auf welcher der verschiedenen Inseln. Diese innere Einstellung findet man in so vielen fernen Ländern dieser Welt und wir sollten uns diese beeindruckenden Beispiele eigentlich viel haüfiger als absolutes Vorbild nehmen. Diese durch und durch positiven Menschen werden mir einfach für immer in Erinnerung bleiben, denn fröhlicher liebenswürdiger Honigkuchenpferdlifestyle steckt einfach an. Ein Glückskreislauf entsteht und der Grundstock für eine Interaktion ist geschaffen. Wozu sie führt? Das steht in den Sternen. Wir können auf jeden Fall IMMER positive Emotionen einbauen und somit die

Wahrscheinlichkeit erhöhen, dass unser Gegenüber dies ebenfalls tut. In meiner Heimat, etwas weiter weg von den kapverdischen Inseln, gibt es ein altes Sprichwort, das „wie man den Wald hineinschreit, so hallt es zurück" besagt. Du kannst von Bayern halten was du willst, die Botschaft wirst du für dich mitnehmen können. Das hoffe ich zumindest. Machen wir einfach einen Deal: Ich lächle ab heute noch mehr und du machst einfach mit. Und wer weiß, vielleicht treffen sich ja eines Tages unsere Mundpartien? Kurze wichtige Anmerkung: Tatsächlichen Körperkontakt schließe ich hier kategorisch aus, es gibt mir hier eher um die anständige allgemeingültigere Variante der Kontaktaufnahme unter (noch) Fremden. Es könnte ja vielleicht sogar der Anfang einer tollen Konversation werden. Ich bin also ready, du auch?

Hier möchte ich an dieser Stelle noch den „du erntest was du sähst"-Gedanken einfügen. Das klingt zunächst etwas spirituell, nur der Inhalt ist im Grunde banal. Kommen wir gedanklich zu einem Baum, der vor einiger Zeit gepflanzt wurde. Dabei fokussieren wir uns auf die Äpfel, die er im Laufe der Jahre trägt. Die reifen Exemplare brauchen hierbei unter Umständen etwas länger, erst dann werden sie zum Ernten bereit sein. Womöglich sind sie auch jetzt schon bereit, das kommt ganz auf deine Lebenseinstellung, deine gesammelten Erfahrungen und dein Level an Zwischenmenschlichkeit an. Allgemein gesprochen dreht es sich hier um das Fundament bzw. die Wurzeln deines starken Baumes. Jeder hat sein eigenes Bäumchen, um das er sich zu sorgen hat - quasi kümmern oder verkümmern, wenn du so willst. Wir sind alle Teil eines riesigen Gartens und je mehr wir selbst aufblühen, desto mehr erstrahlt auch die Gesamtheit unseres Grüns. Es ist nur ein wenig tückisch, denn den Erfolg der Baumprojekte um uns herum sehen wir nur äußerlich… er bleibt quasi solange für uns verborgen, bis uns ein echtes und aus tiefstem Herzen kommendes Lächeln eben genau diesen verrät. Wir sollten also vorsichtig bzw. nachsichtig mit unseren Mitstreitern sein, denn manche Setzlinge wurden gerade erst frisch gepflanzt während andere Exemplare bereits voll im stabilen Wachstum sind. Weitere Exemplare tragen bereits dicke saftige Äpfel und die Besitzer diese Ernte verteilen sie schon ganz fleißig unter ihren Nachbarn. Ganz egal wie kompliziert sich das ganze

Apfelsystem hier anhört, du wirst es für dich selbst herausfinden. Wie? Ich hätte da so eine Idee.

ICH - DU - MULTISPRACHLER

Wie viele Sprachen beherrscht du? Eine, zwei, drei, sogar vier? Dann gibt es natürlich auch noch die Sprachen, die dich beherrschen. Das ist vollkommen normal und das Wissen darüber klammern wir jetzt einfach mal aus. Du bist gut so wie du bist, ganz weit weg von einem tatsächlichen Bezug zu deinen Sprachkenntnissen. Meine Antwort auf die Frage ist drei Komma fünf - Lächeln, Deutsch, Englisch und ein paar „habe ich mal in der Schule gelernt"-Brocken in der Sprache der Liebe. Diese letztgenannten Skills bleiben meist in meiner internen Sprachschublade und „learning by doing" geht leider auch in die andere Richtung, bestes Beispiel mit genau diesen Französischkenntnissen. Je suis desole quasi, so viel bekomme ich noch hin ;) Du siehst, es ist eigentlich total egal welche Antwort du auf die Frage der Sprachenanzahl hast... außer du arbeitest als Dolmetscher. Die wichtigste aller Sprachen kannst du auf jeden Fall, die kann tatsächlich sogar ein Taubstummer. Selbst dann funktioniert Kommunikation. Was machen wir jetzt mit dieser Info? Teile die schönste aller Sprachen einfach möglichst immer mit deinem Umfeld, denn genau diese Mitmenschen werden dir (daraufhin) einen Spiegel vorhalten. Freu dich drauf, denn so macht das Leben deutlich mehr Spaß!

„Das Leben ist zu kurz für langfristigen Groll."
- Elon Musk

Sprachen lernen, an das Umfeld anpassen... das bringt mich zu einem anderen Blickwinkel, denn du hast bestimmt das ein oder andere Kleinkind in deinem Umfeld. Dein Baby ist gerade erst zur Welt gekommen? Prima, dann erwische ich dich direkt mit deiner rosaroten Mama-/Papabrille. Das Einzige was du von diesen kleinen göttlichen Geschöpfen hältst ist Abstand? Ok, ist total in Ordnung. Dein Baby ist schon 37 und wohnt noch immer zu Hause? Erinnere dich doch mal zurück an die jüngsten Tage deines Sprösslings. Ganz egal was deine Vorzeichen bei diesem ganzen „Baby-Thema" sind, versuche dich mal bitte ein wenig in die Thematik hineinzuversetzen. Im Grunde reicht auch schon das Wissen darüber wie sehr Kinder jüngsten Alters zu Beginn ihres Lebens auf Hilfe von außen angewiesen sind. Gedanklich dabei? Sehr gut, dann können wir ja loslegen. Nein? Dann schicke ich dich nochmal zurück in den Biologieunterricht, vermutlich in die fünfte Klasse. Ich vermeide jetzt eine tiefgründigere Gedankenreise, denn das kann im Falle von Geburt, Mutterliebe und allen Emotionen ganz schnell heftig nach hinten losgehen - ein Hoch auf prophylaktische Reflexionsgaben.

Legen wir los, das Baby ist also auf einmal da. Was nun? Eins ist klar, es braucht Unterstützung von seinem nächsten Umfeld, am besten direkt von Mama. Der Papa kann dabei auch ganz hilfreich sein. Die kleinen Wesen sind so lange von uns abhängig bis sie sich selbst helfen können.

„ *Du hast gerade andere Dinge zu tun?* ***Ich schreie****.*

Du hattest einen anstengenden Tag? Mir egal, ***ich schreie****.*

Du möchtest selbst schlafen? Versuch's doch, ***ich schreie****.*

Das Essen dauert noch? Dann ***randaliere*** *ich anderweitig.*

Und ***schreie****. Bis die Mahlzeit zum Verzehr bereit steht.*

Was stinkt hier so? Ach, ich bin's. ***Hilf mir****.*

Was ich in der Zwischenzeit mache? Du kennst ja meine Antwort bereits... "

Im Grunde sind Eltern in den ersten beiden Jahren Grundbedürfnisbefriediger. Nahrung, Liebe, Hygiene, Schlaf... dann kann's erst ab ins Bett gehen. Wir wissen wie es läuft, in der Praxis trifft es uns natürlich viel viel härter. Schließlich haben auch wir selbst einige Bedürfnisse und die kollidieren bekannterweise öfter einmal mit den Vorlieben der Sprösslinge. Das liebenswürdige kleine Etwas kennt nur SICH und SEINE Bedürfnisse und die haben wir eben zu befriedigen, so banal ist das. Und wehe man hört ein wenig zu früh auf das Gitterbettchen im exakt richtigen Rhythmus, der genau antizipierten Geschwindkeit und der simultanen Intensität zu bewegen, dann folgt... ja du weißt ja schon was dann für ein Schreikonzert folgt.

Wieso mache ich diesen kleinen Exkurs mit dir? Kinder in der persönlichen Entwicklung zu unterstützen, vor allem auf die Sprache bezogen, ist eine riesengroße Bereicherung. Das habe ich in meiner Erzieherlaufbahn JEDES Mal bei JEDEM Kind am eigenen Leibe erfahren bzw. ich durfte davon lernen. Ich bin sehr dankbar für die Tatsache „Wegbegleiter" im Leben all der tollen Kinder gewesen zu sein. Die Kinder sind (entwicklungstechnisch und natürlich physisch) gewachsen und auch mich haben diese tollen Erfahrungswerte als Person geprägt und jeweils aufs Neue motiviert. Ein Kinderlächeln war dabei immer das schönste und ehrlichste Feedback eines Kindes, um mir mitzuteilen wie gern es in die KiTa kommt, wie es ihm geht und wie gut ich meinen Job mache. All das schaffen Kinder bereits *ohne ein Wort zu sagen* und diese Schilderung löst gerade ein enormes Maß an Glücksgefühlen in mir aus. Genug zu mir, kommen wir zurück zu den eigentlichen Hauptdarstellern, den Kindern. Bis sie ihre sprachlichen Kompetenzen bzw. die Basis dafür entwickeln dauert es tatsächlich zwei Jahre, oft länger. In der Zwischenzeit sitzen sie einfach nur still da? Ich meine wie soll ein Erzieher (oft auch als Kindergärnter bekannt) sonst in Ruhe seinen Kaffee trinken können und dabei im Idelfall noch die neueste Ausgabe der Wochenzeitung lesen können? Quengeln, lautstarke „ich will das und zwar jetzt"-Attacken, etwas direktere Konfliktlösung a la „ich kratz dem anderen Kind auch gerne mal die Augen aus, wenn es denn hilft" und lernen durch Nachahmung sind hierbei unter Anderem an der Tagesordnung. So sieht es grob aus in diesem frühen Stadium. Stop! Haben wir da eventuell etwas übersehen? Der Großteil der Kommunkation zwischen allen Personen, die am Erziehungsprozess beteiligt sind, geschieht in den ersten Jahren über Körperkontakt und natürlich Mimik bzw. Gestik. Bis die sprachlichen „Einschläge" näher kommen ist jedes Kind auf viel Liebe, noch mehr Hilfe von außen und vor allem auf die eigene Körpersprache angewiesen. Schon mal darüber nachgedacht? Echt schlau konzipiert unsere angeborene Veranlagung, denn ab dem Spracherwerb geht es dann relativ flott. Also genieße die Ruhe und freue dich, so lange sich dein Kind noch von dir helfen lässt und sie „lediglich quengeln" können. Bis du dich versiehst, ist diese Zeit vorbei und dein Kind möchte ALLES selbst machen und die „warum"-Phase startet. Glaub mir, dann hättest du die guten alten Zeiten gerne wieder zurück, als sie noch so klein und hilfsbedürftig waren. Jetzt genug Exkurs zum Thema Kindererziehung, es geht mir hier ja schließlich um die Sensibilisierung für die Wurzeln unserer Sprache.

„Man braucht zwei Jahre, um sprechen zu lernen
und 50, um schweigen zu lernen."
- Ernest Hemingway

Die Köpersprache ist uns also in die Wiege gelegt worden. Aus diesem Grund nutzen wir sie auch komplett automatisch, denn über 50% unseres Ausdrucks erfolgt tatsächlich nur über unseren Körper während 30% über die Art der Sprache (WIE sagen wir etwas) und nur 20% auf den Inhalt des Gesagten (WAS vermitteln wir mit unserer Botschaft). Es spricht sozusagen zuerst unser Körper bevor wir überhaupt unseren Mund öffnen. Dabei hat mich ein Fakt besonders überrascht, die die Wichtigkeit/Intensität der Körpersprache auf enorm anschauliche Weise verdeutlicht. Wir bevorzugen tatsächlich eine negative Botschaft, die uns aufrichtig und authentisch vermittelt wird im Vergleich zu einer positiven Nachricht, die heuchlerisch und aufgesetzt kommuniziert wird. Natürlich ist der Fokus auf die Körpersprache zu legen, denn die verrät so so viel über unser Gegenüber. Faszinierend oder? Das in dieser kleinen Übersicht festzuhalten fühlt sich irgendwie falsch an, nur macht es in diesem Kontext eben absolut Sinn.

NEGATIVITÄT > POSITIVITÄT

Kurzer Test: Hast du dich schon einmal bewusst im Spiegel angesehen und dich angelächelt? Probier's gerne mal aus. Erledigt? Gutes Gefühl dabei gespürt? Dann gehst du jetzt gleich nochmal zum Spiegel, lächelst dich erneut an und versuchst dabei etwas Negatives zu denken? Schwierig? Weit davon entfernt, dass es auch nur im Ansatz geklappt hätte? Was dahinter steckt, schauen wir uns zu einem späteren Zeitpunkt noch exakter an.

HIPS DON'T LIE

In der Zwischenzeit wird's musikalisch, denn die Verbindung aus Gesang und Körpersprachlichkeit gehört für mich einfach eindeutig in dieses Kapitel hinein. Also pack deinen besten Hüftschwung aus, denn wir nehmen jetzt eine Ikone der Musikbranche mit in diesen Kontext. Ich sage dir eine Sache im Vorfeld, die Recherche für diesen Teil des Buches hat ernorm viel Spaß gemacht. Fangen wir mal etwas anders an? Wer kommt dir in den Sinn, wenn du an Musik, Hüftschwung, Rhythmus im Blut, ausverkaufte Konzerte, Ausdruck und Gesang denkst? Jelo? Nope. Beyonce? Negativ, denn es geht in die spanischsprachige Richtung. Komm schon, einmal raten geht noch. Es ist, Scheinwerfer und Musik an... Shakira. Genauer gesagt Shakira Isabel Mebarak Ripoll. Diese Frau ist mittlerweile 47 und ähnlich wie bei diesem bekannten Piraten im letzten Abschnitt ist das kaum zu glauben. Man könnte sich bei ihr tatsächlich aussuchen sich nur auf die Stimme zu konzentrieren oder sogar den Ton auszuschalten und sich nur auf den Ausdruck in ihrem Tanz zu fokussieren. Wieso man das tun sollte? Frage ich mich auch gerade und so lass uns einfach froh sein diese beiden Eigenschaften seit Jahrzehnten bestaunen zu dürfen. Jeweils faszinierend und natürlich hat sie sich durch die Summe aus diesen beiden Elementen zur absoluten Weltikone gekürt. Hips don't lie eben und die Kombination genau dieses Hüftschwungs und ihrer kraftvollen Stimme machen es zum absoluten Genuss ihre Performance zu bestaunen. Doch woher genau kommt diese beeindruckende Bühnenpräsenz? Ihre Liebe zum Singen und zum Tanz? Dafür brauchen wir ein kleines Schaufelchen, denn dafür haben wir ein wenig zu graben. Also krempeln wir die Ärmel hoch und machen uns an die Arbeit. Shakira wird in Kolumbien geboren, offensichtlich mit ordentlich Rhythmus im Blut. Um dieses Temperament auszudrücken schreibt sie im Alter von vier Jahren ihr erstes Gedicht und mit sieben wünscht sie sich eine Schreibmaschine zu Weihnachten. Dieses Gerät will sie um jeden Preis, denn sie merkt sehr früh sich mit dieser Form des Ausdrucks enorm wohlzufühlen. Und sie bekommt es. Bereits im gleichen Zeitraum entwickelt sich ihr persönlicher Wunsch zu performen und wenn es nach ihr geht soll das im Idealfall gleich auf der Bühne geschehen. Ihren ersten Song „your dark glasses" nutzt sie, um die langjährige Trauer ihres Vaters (Shakira's Bruder starb bei einem Motorradunfall als sie selbst erst zwei Jahre alt war) zu beschreiben. Dabei ist sie acht und zur gleichen Zeit wird sie in der Schule bereits als „die Bauchtänzerin" bekannt. Verrückt oder? Das wurde quasi zu ihrem internationalen Markenzeichen und die Weichen dafür haben sich bereits so früh gestellt. „So habe ich entdeckt, dass ich eine Leidenschaft für Live-Auftritte habe" beschreibt sie diese Erkenntnis später. Eine kleine Randnotiz wird dich dabei mit

Sicherheit zum Schmunzeln bringen: Sie wird in jungen Jahren vom Schulchor abgelehnt, weil ihre Stimme wie eine Ziege klingt. Ganz schön hart dieses Fazit der Schule - sie sollten wohl den Bauernhof in Zukunft etwas genauer inspizieren ;)

Ihr Debüt gibt die Kolumbianerin mit libanesischen Wurzeln im Alter von 13 und von da an geht es über Jahrzehnte hinweg steil bergauf. Die Karriereleiter scheint viele Sprosse zu haben, denn sie klettert ja sogar heute noch während du diese Zeilen liest. Faszinierend oder? Ich könnte jetzt an dieser Stelle ihre Erfolge aufzählen, nur wäre das ja irgendwie ein wenig verschwendete Lebenszeit. Wir wissen schließlich alle was sie erreicht hat! Legen wir den Fokus lieber auf ein paar interessante Details ihrer Auftritte, quasi auf einige ihrer Markenzeichen. Hast du beispielsweise gewusst, dass sie meist ohne MakeUp und sogar barfuß auf der Bühne steht? Irgendwie ganz cool, vor allem mit dem Wissen, dass sie ihr Gehirn als „schönsten Teil ihres Köpers" betitelt. Das zeugt von ganz viel Selbstbewusstsein und enormem Vertrauen in ihre eigenen Stärken. Sie verschmilzt einfach mit der Bühne und deswegen verzichtet sie im Regelfall auch auf Hintergrundtänzer. Auch wenn uns „Waka Waka" spanisch vorkommt, wir so wirklich niente (oder heißt es nada?) verstehen, so spricht sie dabei irgendwie doch die gleiche Sprache - auf beeindruckender körperlicher Ebene. Was ziehen wir hiervon jetzt für uns heraus? Körpersprache kann ein *Erfolgsfaktor* sein, auch wenn „queen of latin music" weit weg von deiner Genhistorie ist. Beruhigender Fakt mh? Dein innerer Monk wird mir zustimmen.

AUF DIE GRÖßE KOMMT ES AN

Es geht nämlich auch in die andere Richtung. Manche Menschen stehen vor dir und ähneln dabei einem Baum mit fest verankerten Wurzeln. Was strahlen sie dabei aus? Selbstvertrauen. Und dann gibt es die andere Kategorie von Menschen, ich nenn sie mal liebevoll die „Erdbeerpflänzchen". Quasi die von der „ich hoffe die Welt verschont mich mit allen Einflüsen, denn ich bin schwach, knicke gleich ein und das sieht man mir auf den ersten Blick an"-Fraktion.

Körpersprache ist mächtig und trägt somit stark dazu bei wie wir Tag für Tag kommunizieren. Im Laufe der Jahre habe ich die Wichtigkeit dieser

Ausdrucksform, so nenne ich sie jetzt einfach mal, bemerkt. Immer mehr. Sogar täglich. Was brauchen wir also für eine klare und standhafte Körpersprache, die auch mit ein wenig Gegenwind klar kommt? Denk dabei gerne nochmal an den „Baum vs Pflänzchen"-Vergleich. Meine Antwort: Klare Gedanken. Deine Antwort: Vielleicht eine andere Variante davon. Meiner Erfahrung nach ist unsere reflektierte Gedankenwelt die mit Abstand beste Vorbereitung auf jede Art von Interaktion. Egal in welchem Kontext, egal mit welchem Interaktionspartner, einfach immer. Du weißt was du denkst? Gut. Du weißt was/wie du fühlst? Umso besser. Jetzt die Masterfrage: Weißt du auch wie du erreichst was du du dir erhoffst? Klare Gedanken dabei sind gut. Nur kommt es eben darauf an wie du eine wichtige Interaktion (körper)sprachlich angehen willst. Wie ein gestärkter Apfelbaum mit eben diesen fest verankerten klaren Gedanken und einer reflektiert stimmigen Gesprächsstruktur? Oder wie dieses schwache zurückhaltende Erdbeerpflänzchen, das beim allerkleisten Anflug von einem Windhauch in sich zusammenknickt und Angst hat wortwörtlich erdrückt zu werden? Die Entscheidung triffst du im Idealfall VOR dem Gespräch. Wäre jedenfalls hilfreich.

K L A R E Gedanken -> K L A R E Struktur
K L A R E Gedanken -> K L A R E Worte
K L A R E Gedanken -> K L A R E Köpersprache

Das war's? So einfach ist es also? Hab ein wenig Geduld. Wir graben noch ein wenig tiefer, denn erst mal wissen wir jezt um die Bedeutung von Klarheit. Im Denken. Im sprachlichen Kontext. Jetzt kommt es auf das WARUM der Kommunkation an. Was ist unsere Absicht bzw. unsere Motivation vom eigentlichen Gespräch? Wollen wir einen Freund durch unsere Worte aufbauen? Wollen wir jemandem mitteilen, dass er uns verletzt hat? Wollen wir diesen einen Job, auf den wir schon so lange hingearbeitet haben?

Kommunikation ist vielschichtig, sozusagen die Königsdisziplin. Dafür brauchen wir ein festes Wurzelwerk - quasi die Art von Fundament, das uns weiter bringt im Leben. Und natürlich in Gesprächen. Wollen wir uns hier also auf Schüchternheit und Angst fokussieren? Ich kenne meine Antwort und sie ist weit entfernt von einem Ja. Deine auch? Gut so, let's dig deeper.

KLARER Fahrplan
- Wo liegt dein Anliegen für die Kommunikation?
- Wie stellst du die Weichen im Gespräch?
- Wie kompromissbereit bist du hier?

Oder alternativ gefragt: Bist du ein starker Apfelbaum?
Oder natürlich auch: Wie wirst du weniger Erdbeerpflänzchen?

All das sind Fragen, zu denen du dir im Vorfeld des aufkommenden Gesprächs bereits Gedanken machen solltest. All diese Überlegungen bilden einen Großteil deines standhaften Apfelbaumes. Nutze deine reflektierte Zielstrebigkeit, sowie deine positive Bestimmtheit und zeige der Welt, dass es dich gibt und für was du stehst - im wahrsten Sinne des Wortes. Hierbei zitiere ich dir einen meiner Lieblingsautoren, weil er einfach ein super Typ zu sein scheint. Er inspiriert mich mit seinem täglichen Tun und dabei geht es mir eher weniger um die Tatsache, dass er mehrfacher Bestsellerautor ist, sondern mehr um die Werte die er lebt und über die er schreibt. Lars, die Zeilen gehen an dich. Danke!

„Der Sieg beginnt im Kopf."
- Lars Amend

Mir ist bewusst, dass dieses Thema sehr breit ist und daher haben wir auch nur die kleine Schaufel rausgeholt. Die reicht für den Anfang vollkommen aus und falls du tiefer buddeln möchtest gibt es da draußen wundervolle Bücher. Kleiner Tipp: Alles auf was du eine Antwort suchst stehst MIT SICHERHEIT irgendwo geschrieben und Google macht uns das Auffinden dieser Antworten heutzutage echt leicht. Super einfach, nur klicken statt zu buddeln ;)

HOW TO CHOOSE YOUR DÜNGER

Es folgt eine weitere Frage, die ich dir stellen möchte. Welchen Weg wählst du, um deine Ziele zu erreichen? Ich habe dir ja versprochen es wird ein leicht zu lesendes Buch und dabei bleibt es auch. Wir streifen weiterhin nur die Oberfläche der tiefgründigen Thematik. Es gibt jedoch ein paar einfache Taktikten, die fast immer erstaunlich gut funktionieren. Eigentlich, denn du wirst das folgende Szenario bestimmt kennen: Du bist gerade dabei etwas zu erzählen, du möchtest das Gesagte schon lange loswerden und freust dich sehr darüber es jetzt endlich und in all deiner Ausführlichkeit zu berichten. Zack bum, dein Gegenüber fällt dir ins Wort. Ziemlich dreist, denn du warst doch gerade dabei DEINE Geschichte zu teilen. Jetzt krätscht einfach jemand dazwischen, um SEINE Story in den Mittelpunkt zu rücken. Doofes Gefühl? Was nehmen wir also als Kommunikationsunterstützung #1?

Ausreden lassen = gegenseitiger Respekt

Auch das wird dir ziemlich sicher bekannt vorkommen. Du bist wieder eifrig dabei eine aufregende tolle Sache von dir zu erzählen, nur dein Gesprächspartner ist dabei ziemlich abgelenkt. Ein kurzes Nicken, vielleicht ein „mmmh.... ja" oder der bekannte „ich checke mal nebenbei mein Handy"-Move bringen dich auf die Palme. Verbesserungswürdig? Das bringt uns dann zu Kommunikationsunterstützung #2:

Zuhören... also WIRKLICH zuhören, aktiv!

Jetzt kommt dein berechtigter Einwand a la „ich möchte ja zuhören, nur manchmal ist das eben schwer." Ich kann ihn schon hören. Ja, es ist tatsächlich schwer. Meine inneren Monkeys geben sich regelmässig enorm viel Mühe, um die Kommunikation in eben genau dieser Form zu sabotieren. Auch bei #1 schießen sie dabei oft über ihr Ziel hinaus und verfallen in alte Verhaltensmuster. Das ist ganz normal. Bin ich auf dem Wege der Besserung? Ja. Ist das gut so? Natürlich. Bin ich dabei zu hart zu mir selbst? Du kennst die Antwort, schließlich haben wir ja schon etwas Strecke auf unserer gemeinsamen Reise zurückgelegt. Das sind meine Antworten, wie sieht deine persönliche Reflexion diesbezüglich aus? Sei ehrlich zu dir selbst und lasse mal einige deiner Gespräche revue passieren. Nimm's leicht, wir befinden uns alle in einem Lernprozess. Die meisten Menschen erzählen doch lieber, anstatt stundenlang „nur" zuzuhören. Hab bitte im Hinterkopf, dass ich ein Mann bin und das mit dem Zuhören daher (noch) so eine Sache ist. Jeder hat schließlich seine Stärken und ich bin mir sehr sicher du kennst deine Schokoladenseiten beim Thema Kommunikation. Vielleicht gibt es ja auch den ein oder anderen Punkt, den du gerne verbesseren würdest. Ein geeigneter Platz für dein Monk(ey)-Barometer. Es wird dir mit Sicherheit helfen deinen Standpunkt ein bisschen besser zu visalisieren.

--->

Monkeys *Monk*

Wie ist dein Monk(ey)-Stand?

- *Wie zufrieden bist du mit deiner Kommunikation?*
- *Auf welchem Abschnitt deiner „kommunikativen Reise" bist du?*

Es kann sein, dass sich dein Monk(ey)-Stand schon bald verändern wird, denn wir wissen ja bereits wie sehr uns vermehrte Informationsgewinnung zu anderen Sichtweisen verleitet. Also bekommst du natürlich gleich noch mehr Input. Du weißt ja bereits, dass Kommunikation die Grundlage jeder zwischenmenschlichen Beziehung ist. Was nützt uns also das Wissen über Inhalte/Struktur einer Konversation bzw. die Bedeutung von Mimik und Gestik, wenn wir dabei das Bedeutendste übersehen? Auf was sollten wir also besonders achten während wir uns in Interaktion mit anderen Menschen befinden? Ganz schön verwirrend. Ich formuliere es anders, um es dir ein wenig leichter zu machen bzw. dir auf die Sprünge zu helfen. Wann genau bleibt dir ein Gespräch in Erinnerung? Ist es tatsächlich abhängig vom Inhalt? Oder ist es vielleicht das Gefühl, das der Gegenüber bei bzw. vor allem in dir hinterlassen hat? Du kennst dieses „positive Gefühl" genau so gut wie diese „was war das denn bitte für eine seltsame Unterhaltung"-Emotionslage, stimmst du mir zu? Das führt uns zu Kommunikationsunterstützung #3 und dieser Punkt ist dir ja sicherlich bereits bekannt.

WIE etwas gesagt wird **> WAS** gesagt wird

Die Stimmungslage während bzw. in der Folge auf einen Austausch ist entscheidend, ob du das Gespräch als Erfolg oder als Farce abspeicherst. Natürlich ist auch hier wieder alles subjektiv, es soll ja schließlich auch noch Raum für Missinterpretationen & Co geben. Sonst wäre unser Leben ja glatt langweilig.

Wovon hängt erfolgreiche Kommunikation also dann noch primär ab? Wie definieren wir ein gutes/schlechtes Gespräch? Wie sollten wir also Menschen gegenüber treten? In der Konversation und allgemein? Mein Ziel ist es auch hier lediglich Gedankenanregungen zu schaffen. Einige dieser Begriffe wirst du direkt mit dir assoziieren, andere Wörter eventuell mit deinem Partner/Nachbarn/Kollegen/Kegelbruder... in Verbindung bringen. Nutze deine Gedanken, um deinem Gegenüber ab sofort ein „gutes Gespräch" zu bieten oder noch besser, um ihm dabei ein „gutes Gefühl" zu vermitteln. Diese Absicht passt vermutlich noch besser.

WERTSCHÄTZUNG

Wo befindet sich dein Smartphone während einem Gespräch?

DANKBARKEIT

Wann hast du dich zuletzt aufrichtig für ein Gespräch bedankt?

SYMPATHIE

Wie fühlst du dich, wenn du ein Kompliment bekommst?

.

.

.

Jederzeit offen für Ergänzungen :)

Die Wichtigkeit von Zwischenmenschlichkeit bildet also die Basis für eine gelungene Kommunikation. Ich möchte dich noch einmal bitten die Geschichte mit dem kleinen indischen Jungen in Erinnerung zu rufen. Womit hat die Interaktion nochmal begonnen? Richtig, mit diesem einen Lächeln. Genau das ist für mich Kommunikationsunterstützung #4, im Grunde der wichtigste Baustein von all den kleinen Helferlein. Ein Grinsen (nenn wie du es willst) startet einen Glückskreislauf und dadurch wird die Kommunikation eine runde Sache. Ich nehme noch einen weiteren Punkt mit in dieses Element hinein, denn auch der ist einfach zu wichtig, um ihn unter den guten alten Kommunikationsteppich zu kehren.

EMOTIONSKONTROLLE
=
GESPRÄCHSKONTROLLE

Du liest richtig. EIGENTLICH ist es ganz einfach und es erfordert dennoch viel Übung die emotionale Beherrschung in JEDEM Gespräch zu JEDEM Zeitpunkt zu bewahren. Nutze einfach jedes Gespräch, denn es gibt NUR gute Gespräche. Gut im Sinne von „Lernstoff" versteht sich - eine Interaktion, die du für dich als „gut" im klassischen Sinn abspeicherst gibt dir Motivation und Rückenwind. Ein Gespräch, über das du dich im Nachgang ärgerst bzw. das du im Nachhinein reflektierst und worin du persönliches Verbesserungspotential erkennst, lässt dich wachsen und lernen. Du siehst... Win-Win-Situation. Für dich. Für dein Umfeld. Für alle.

Wir sind nun am Ende von Kapitel zwei angekommen und ich schulde dir noch meinen persönlichen Monkey-Stand. In diesem Fall nennen wir es Kommunikationsunterstützung #5, einverstanden? Ich würde sagen ich befinde mich auf bestem Wege in Richtung „Fast-Vollzeit-Kommunikationsprofimonk" - klingt erst mal ein wenig seltsam und ich helfe dir dabei es etwas besser einordnen zu können. Ich habe klare Sichtweisen, ich kenne meine Stärken und Kommunikation in Form von Artikulation (reden und seit kurzer Zeit auch das Schreiben) ist ein bedeutender Teil davon. Ich liebe es zu lesen, mich weiterzubilden und meine Gedanken in regelmäßigen Abständen gründlich zu sortieren. Dabei hilft mir auch dieses Buch gerade in großem Maße. Meine Waffen dabei sind meist Zettel und Stift und ich reflektiere sowohl persönliche als auch berufliche Ziele, seit neuestem unterstützen mich dabei TED-Talks, Visualisierungsübungen und ich meditiere mehrmals pro Woche. All das erdet mich ein Stück weit und tut mir einfach gut. Davon profitiert auch mein Umfeld, denn ich versuche stets mit Struktur, Empathie und Ruhe an ein Gespräch heranzugehen. Dabei fällt mir das Zuhören, ich habe es schon angekündigt, etwas schwerer (liegt vermutlich an meiner ausgeprägten Redeeuphorie) und hier reflektiere ich mich bzw. mein Verhalten aktuell besonders intensiv. Dabei hilft mir die Weltreise gerade enorm, weil ich mit neuen Bekanntschaften auch zugleich ganz neue kommunikative Ebenen erreiche. Ich nutze die Frage „wie meinst du das?" gerne als absolute Geheimwaffe, denn sie lässt mich erstens besser zuhören und verschafft mir zudem Zeit/den notwendigen Fokus, die/den ich meinem Gegenüber schenken möchte. Ich schiebe schon viele zu lange meinen „ich würde gerne spanisch sprechen"-Gedanken vor mir her und habe vor dieses Vorhaben in Südamerika endlich in die Tat umzusetzen. Jetzt schließe ich das Kapitel mit meiner ehrgeizigsten

Gewohnheit ab, denn ich versuche seit rund einem Jahr die „positive Psychologie" für mich zu nutzen und negative Wörter aus meinem Wortschatz zu verbannen. Zu diesen Wörtern gehören unter Anderem:

NICHT
ABER
MUSS
UNMÖGLICH

und allgemein Verneinungen unterschiedlichster Arten.

Diese Bezeichnungen zu vermeiden gibt mir ein ultimativ gutes Gefühl und lässt mich zugleich meine Formulierungen im Vorfeld überlegen. Es handelt sich natürlich um einen stetigen Lernprozess und ich habe mir für das ganze Buch vorgenommen Verneinungen komplett weg zu lassen. Also verzeih mir bitte, wenn es ab und zu ein wenig holprig zu lesen sein sollte. Es wird mit ziemlicher Sicherheit das 1. Buch mit einer solchen Ausführung. Das hört sich irgendwie vollkommen verrückt an, die Vorstellung daran findet mein innerer Monk gleichzeitig ziemlich cool. Du auch? Kommunizier es gerne mit mir, ich freue mich darauf ;)

„Das Leben ist ein Bumerang.
Man bekommt zurück was man gibt."
- Dale Carnegie

KAPITEL DREI

ERFAHRUNGEN

„Von Apple gefeuert zu werden war
das Beste was mir je passieren konnte."

\- Steve Jobs

„Moment mal, was habe ich da gerade gelesen?" wird dir eventuell gerade durch den Kopf gehen. Damit verbundene Fragen oder ein wenig Verwirrung wären ebenfalls möglich. Wie kann man denn von einer Firma gefeuert werden, die man selbst gegründet hat? Steve Jobs hat doch mit Apple die Welt revolutioniert? Wie passt das alles zusammen? Bevor dein innerer Monk jetzt ausrastet, kann ich dich beruhigen - es bleibt auch in diesem Kapitel entspannte Lesekost, quasi nochmal Glück gehabt ;) Die Biografie von Steve Jobs gibt es bereits und ich kann sie dir wärmstens an's Herz legen. Um es kurz zu fassen: Ein kurzweiliges Buch mit detaillierten Einblicken in die Philosophie eines brillianten Menschen. Beeindruckende Sichtweisen, geprägt durch vielseitigste Erfahrungen und geniale Schlüsse für das alltägliche Leben. Genug Werbung, zurück zum Kerngeschäft. Taschenlampe parat? Ich habe nämlich vor ein wenig Licht ins Dunkle zu bringen, denn für den Grund des Zitats werden wir die Geschichte von Apple und den Werdegang von S. J. ein wenig durchleuchten. Es wird die Kurzversion, also here we go!

GANZ GROßES KINO

Ja, Steve Jobs hat Apple gegründet. Gemeinsam mit seinem guten Freund und Studienkollegen Steve Wozniak hat er eine Garage im kalifornischen Silicon Valley genutzt, um die Welt der Computertechnik zu revolutionieren. Einen Teil der Geschichte kennen wir ja irgendwie alle, habe ich Recht? Dabei geschah all das mit der einstigen Überlegung die Computerindustrie auf den Kopf zu stellen und dabei gemeinsam mit Microsoft das Aushängeschild unserer heutigen Welt zu werden. Hat er das geschafft? Sieht stark danach aus. Hat Steve Jobs unser heutiges Umfeld, in dem wir alle leben, tatsächlich in so großem Maße verändert? Definitiv. Aus seiner Motivation heraus hat er unser heutiges Leben ein Stück weit geprägt. Mit einer Vision und all den bahnbrechenden Technolgien, die er gemeinsam mit seinem „Apple Baby" auf den Weg gebracht und einen Großteil seines Lebens gewidmet hat. Ich meine welches Handy liegt gerade vermutlich in deiner direkten Reichweite? Ist da zufällig ein angebissener Apfel auf der Rückseite des Gerätes zu sehen? Hört es unter Umständen auch mal auf den Namen Siri und ist im Stande mit dir zu kommunizieren? Eins ist klar, auch andere Marken dieser Branche haben stark von den Innovationen des angebissenen Apfels profitiert und besitzen im heutigen Zeitalter solche Funktionen.

Also ganz egal welches Mobiltelefon du besitzt, du wirst womöglich schon noch auf den Geschmack kommen. Es könnte vielleicht auch die folgende Erzählung über den Erfahrungsweg von Steve sein, die dich umdenken lässt. Wir werden sehen. Mich fasziniert dabei immer wieder eine bestimmte Sache auf's Neue - der innere Antrieb und die Zielstrebigkeit des Steve Jobs. Ich gebe mir auch Mühe meine Euhorie zu bremsen und die folgenden Zeilen so kurz zu halten wie irgendwie möglich. Also Leselampe an und los geht's.

1976 wird die Marke gegründet und Apple wird im Laufe der Jahre bekannter und größer. Die Nachfrage an personalisierten Computern steigt immens. Auch die Garage, in der alles begann, wird langsam zu klein. Sie wird durch immer massiver werdenden Gebäude ersetzt. In der Führungsetage bahnt sich nach Jahren des Erfolgs ebenfalls ein Wechsel an und so holt sich Apple den CEO von PepsiCo (du weißt schon, das braune Zuckerwasser) ins Haus. Dabei treten schon bald zwischenmenschliche Problemchen zwischen dem eben erwähnten neuem Gesicht der Führungsetage und Steve Jobs auf. 1985 enden diese unterschiedlichen Visionen in der Tatsache, dass S. J. im Alter von 30 Jahren von seinem Herzensprojekt ausgeschlossen wird - er wird tatsächlich von Apple gefeuert. Schon heftig irgendwie. Du wirst vermutlich ähnliche Gedanken im Kopf haben und dabei rufen wir uns nochmal das Eingangszitat des Kapitel ins Gedächtnis. Wie kann das das Beste sein was jemandem passieren kann? Steve Jobs wird erst von seinem „Baby" getrennt und wie er diese Erfahrung dann reflektiert, das ist schon echt ganz großes Kino. In meinen Augen zumindest, vielleicht bin ich auch hier wieder ein wenig zu begeisterungsfähig. Du wirst dir schon bald dein eigenes Bild machen können, versprochen ;)

Das Eingangszitat stammt aus dem Jahr 2005 und ist Teil einer Rede, die S. J. für die frisch gebackenen Absolventen der Stanford Universität hält. Es ist ein wichtiger Bestandteil der 15-minütigen Botschaft, die stellenweise wirklich enorm tiefgründig ist. Was genau ist in den 20 Jahren zwischen seinem Rauswurf und dieser Rede passiert? Wie kann er das Erlebte als erdend, positiv und richtungsweisend abspeichern? Ich sag's dir... er hat sich auf das fokussiert was er am besten kann - seine revolutionäre Denkweise mit seinen Erfahrungen zu kombinieren und das Beste herauszuholen. Quasi bei Null anzufangen während er dennoch die gewonnene Expertise von bzw. durch Apple für sich nutzt. Ganz schön schlau dieser Kerl. Dieses Mindset hilft ihm und auch du hast davon vermutlich bereits in früheren Jahren profitiert. Wie? Jetzt kommen wir quasi tatsächlich zur Leselampe und du wirst auch gleich wissen was ich damit meine. Für den Moment verlassen wir Apple ebenfalls, nur eben aus vollem eigenen Entschluss.

Wir schwenken das Taschenlämpchen in eine andere Richtung des technologischen Fortschritts, sozusagen gen Unterhaltungsindustrie. Dabei erhöhen wir die Leuchtkraft um ein Vielfaches, bis wir die Helligkeit eines super grellen Scheinwerfers erreicht haben. Spotlight an um's genau zu nehmen. Wieso wir das tun? Du wirst Pixar kennen, nehme ich jetzt einfach mal an. Du weißt schon, die Marke hinter dieser einen springenden Lampe, die ganz freudig von einem Kinosaal in den Nächsten gehüpft ist während wir als Kinder ganz gespannt auf den Klassiker ToyStory gewartet haben. Die Lampe früherer Zeiten quasi, hast auch du das Bild dazu im Kopf? Ich erweitere das Bühnenbild und projeziere mal den guten Steve Jobs auf die Leinwand. Was er damit zu tun hat? Na jetzt rate doch mal wer sowohl bei dieser springenden Lampe als auch beim „eigentlich ersten" und zugleich wohl einem der besten Animationsklassiker überhaupt die Finger im Spiel hatte? Steve Jobs. Ganz nebenbei (ich meine was macht man auch sonst so im Vorbeigehen?) arbeitet er weiter an seiner Vision die Welt technologisch zu revolutionieren, nutzt dabei seine gewonnenen Erkenntnisse der vergangenen Jahre und gründet eine weitere Firma - sie hört auf den Namen „Next." Anschließend wird's kurios und wenn man so will könnte man es auch als vollkommen verrückt bezeichnen, denn wir erinnern uns zunächst welche riesige Firma ihn gefeuert hat? Apple, richtig? Jetzt kommt sozusagen der größte Blockbuster von allen, denn eben jenes Unternehmen mit diesem angebissenen Apfel als Logo öffnet Steve Jobs ganz plötzlich wieder die Türe. Roter Teppich ausgerollt, eine Eintrittskarte deluxe für Herrn S. J. persönlich, ganz so als wäre es das Normalste von der Welt - in dem Stile kauft Apple die neu gegründete Computertechnologiefirma Next. Für über 400 Millionen Dollar. Als Hintergrundinformation verrate ich dir, dass Apple unter dem Abgang von Steve schwer zu leiden hatte und schlichtweg auf ihn angewiesen ist. Sie brauchen wieder eine Person, die visioniert denkt und im Stande ist die Regie im kreativen Stile weiter zu führen - wer könnte da also besser passen? Quasi von Apple gefeuert und dann den Spieß irgendwie durch ziemlich kuriose Umstände umgedreht. Manchmal spielt das Leben eben schicksalhaft verrückt.

Dieses ganze Szenario und seine damit verbundene Rückkehr zu Apple sagt in meinen Augen viel aus. Zum Einen spricht es für die absolute Zielstrebigkeit von Steve Jobs und zudem ist es ein starkes Stück von ihm die Vergangenheit in dieser Form hinter sich zu lassen. Schlichtweg beeindruckend, Hut ab und Standing Ovations aus dem Theater des Lebens sozusagen! Ich habe großen Respekt vor diesem Herren persönlich und in noch größerem Maße vor seiner Einstellung zum Leben. Das Bemerkenswerte daran: Er erweitert die ganze Geschichte in seiner Rede von 2005, in dem er „die Schwere des Erfolgs wurde durch die Leichtigkeit ersetzt wieder absolut am Anfang zu sehen. Es hat mich in die produktivste Phase meines Lebens geführt" hinzufügt. Meiner Meinung nach hätte er für diesen Satz alleine schon einen Oscar verdient. Weniger natürlich für die überzeugende schauspielerische Darstellung, viel mehr für sein ganzes Lebenswerk und dieses Level an innerem Antrieb. Just wow!!! Mit diesen Worten und dem Fakt, dass er in der Zeit ohne Apple die Liebe seines Lebens kennen lernt und auch sein Privatleben so enorm von seinem Rauswurf profitiert ist das noch bemerkenswerter. Hierbei ist das Anfangszitat vermutlich einfach die logische Folge davon und das finde ich faszinierend. Da wären wir erneut beim Thema „mehr Infos ergeben einen neuen Blickwinkel" von Kapitel eins und das passt hier einfach wie das süße Popcorn zum Kinobesuch. Wie geht's dir dabei? Da steckt doch so viel heftig positive Energie drin, so ein Bock auf Leben und noch mehr Menschlichkeit zwischen den Zeilen. Meine Freunde hätten hier jetzt eine klare Meinung dazu: „Jetzt ist er wieder mal übereuphorisch" würde es heißen und meine Antwort darauf lautet „Ja, ihr habt absolut Recht!" Ich habe einfach vor einiger Zeit und vor allem durch immer mehr persönliche Erfahrungen beschlossen diesen extrem großen Vorbildern, sprich den durchweg positiven und vollends motivierenden Beispielen, viel Gewichtung zu schenken. Das spielt mittlerweile die Hauptrolle in meinem Leben, lässt mich nachdenken/reflektieren und es treibt mich an. Die dunkle Seite der Macht? Was ist damit? Darum kann sich der Typ mit dem roten Laserschwert kümmern, ich hole mir in der Zwischenzeit Tortillachips mit Salsadip ;)

Jetzt kommen wir wieder zurück zum Kerngeschäft. Der Übergang von Star Wars zu Steve Jobs und dem Zitat könnte schwierig werden, vermutlich würden wir hier ein Raumschiff brauchen. Daher nehmen wir mal lieber die imaginäre Apple-TV-Fernbedienung zur Hand und schalten unser Gedankenkino aus. So können wir uns auf das Fazit konzentrieren, denn es stellt sich die Frage was wir nun aus der Rede und all den damit verbundenen Erfahrungen von Steve Jobs mitnehmen? Im Grunde ist es relativ einfach. Egal welche Erfahrung unseren Weg kreuzt oder welcher Einfluss von außen auf uns einwirkt, es kommt immer auf unsere Reaktion an. Wie geht es weiter? Was sind unsere Antworten auf die Fragen, wenn uns das Leben direkt in die Augen sieht? Was machen wir, wenn unsere inneren Monkeys sich ganz provozierend „läuft gerade kacke mh?" auftürmen und uns damit dezent überfordern?

Option eins: **Kopf in den Sand stecken**. Sieht erstens ziemlich doof aus, ist wenig hilfreich und selten zielführend. Zudem fällt uns das Atmen unterhalb der Grasnarbe auch ziemlich schwer. Schlechte Wahl also? Auf jeden Fall.

Option zwei: **Kopf hoch, Ärmel hochkrempeln.** Versuchen die Situation zu akzeptieren, passiert ist sie ja bereits. Und jetzt? Alles Mögliche dafür tun, dass diese Erfahrung vorrübergehend bleibt. Gute Idee? Sollte klappen.

Eine Sache ist mir bewusst, schwarz auf weiß klingt das erst einmal leicht. Ab und an läuft das Leben einfach sch**** und es verpasst dir einen härteren Schlag als Mike Tyson und Muhammad Ali zusammen. Es ist hier noch immer die Frage wie wir darauf reagieren. Sieh's mal so… Steve Jobs hätte sich nach dem Fiasko mit der Applevorstandschaft locker easy zur Ruhe setzen und dabei begründeten Groll gegen sein eigens aufgebautes Imperium hegen können. Was hätte ihm das gebracht? Viel Freizeit und vermutlich ziemlich viele negative Gedanken/Emotionen sowie ein angekratztes aufgewühltes bzw. rachsüchtiges Ego. Quasi viele kleine zornige wilde Monkeys in seinem Kopf, die ihn zu wenig reflektierten Aussagen anstacheln und zu noch dümmeren Handlungen verleitet hätten. Anders gefragt, hätte ihm diese Negativität in irgendeiner Form irgendwas genützt? Oder war vielmehr die Positivät seiner Gedanken ausschlaggebend für die Entwicklung seines beruflichen und vor allem privaten Weges? Ich meine der Mann hat seine Frau kennengelernt und diese Liebe ist, nach seinem Ableben, noch heute in Form seiner Kinder sichtbar. Dieser Gedanke ist wunderschön und da kommt jetzt vielleicht der Romantiker in mir durch - ja, auch so eine Seite habe ich intus.

WER SCHREIBT DAS DREHBUCH IN DEINEM LEBEN?

Erfahrungen gehören dazu, sie sind ja schließlich täglich vorhanden. In jeder Sekunde, Minute oder Stunde können uns viele Dinge „passieren." Sie treffen uns. Sie formen uns. Sie machen uns zu dem wer und vor allem wie wir sind. Durch diese Geschehnisse werden wir noch mehr zu Unikaten. Das Interessante dabei ist wie wenig Kontrolle wir über genau diese Vorkommnisse haben und wie sehr sie uns genau deswegen ab und zu aus den Socken hauen. Sie treffen uns teilweise leicht und es läuft wie in einer dieser seltsam lustigen Komödien. Wir können quasi noch darüber schmunzeln und der Einfluss auf uns selbst ist gering. Sozusagen ein Film mit der Altersfreigabe sechs. Dann gibt es die Treffer, die mit voller Wucht einschlagen, mitten ins Gesicht und dabei trägt das Leben in den seltensten Fällen Boxhandschuhe wie bei Tyson oder Ali. Das ähnelt dann eher einem gewaltigen Actionfilm, endet im Drama oder das Leben verliert sich in einem endlos scheinenden Thriller. Das sollten wir uns IMMER vor Augen führen, erst dann können wir uns mit unserer Reaktion auf eben diese heftigen Ereignisse kümmern.

Diese verschiedenen „Genres von Filmen" (so nenne ich sie jetzt einfach) sollten wir uns bereits bewusst machen bevor wir unseren täglichen Lebensblockbuster antreten. Am Besten fangen wir gleich damit an, schließlich haben wir ja das Zeitalter erreicht, in dem wir jederzeit auf alle Filme zugreifen können. Oder greifen diese Werke eher auf uns uns zu bzw. in unser Leben ein? Diese Art der Vorbereitung wird uns zumindest den Genuss unseres eigenen Streifens deutlich erleichtern - hab dabei einfach öfter Popcorn und eine übergroße Cola parat, sollte helfen.

Also fangen wir an. Das Leben schreibt bekanntlich eigene Episoden. Die Länge? 120 Minuten? Wohl kaum. Ich rede von dieser 78-jährigen Dokumentation, die auch mal länger dauern kann, falls du eine Frau bist. Was passiert also in unserem Film? Läuft er wie eine Neuverfilmung?

Ganz smooth mit vielen Wow-Momenten? Oder ist es eher ein Retrofilm? Ziemlich ruckelig und in noch schlechterer Qualität? Egal welcher Inhalt in deinem Film vorkommt, zwei bedeutende Sachen sollte dir klar sein: Du bist der ***HAUPTDARSTELLER***! ALLES kann passieren, jederzeit!

ALLES kann Chance sein.
ALLES kann Risiko sein.
ALLES kann Schicksal (Glück) sein.
ALLES kann Schicksalsschlag (Trauer) sein.

Diese Gedanken brauchen wir. Sie helfen uns. Sie bereiten uns vor. Sie schaffen die Basis für den Umgang mit unseren Erfahrungen.

„Anerkennung ist die Grundlage jeder
nachhaltigen Veränderung."
- Boris Grundl

Wir haben also das Verständnis über dieses Wissen, wir sind also vorbereitet... Quasi. Eigentlich. Theoretisch. Das Etablieren dieser Erkenntnis in unser tägliches Leben, in die Praxis, ist dabei deutlich schwieriger. Es liegt ja sozusagen immer noch außerhalb unserer Macht was mit uns geschieht. Das kann uns ganz schnell und ziemlich arg zu Kopf steigen, denn all die Monkeys bringen uns natürlich dazu all unsere Erlebnisse so richtig schön zu bewerten... und sie lassen es dich wissen wie verdammt negativ das sein kann. Sie schüren Hektik, verbreiten Panik oder was sie sonst noch so im Petto haben. Ganz schön verwirrend alles, ich fasse es dir zusammen.

eigentliche WIRKLICHKEIT
+
eigene INTERPRETATION
=

verzerrte WAHRNEHMUNG

Sehen wir die Realität so wie sie tatsächlich ist? Na klar. Das denken wir zumindest. Unsere Sichtweise ist nämlich verzerrt, ähnlich wie bei einer 3D-Brille im Kino. Wenn es schon im Kino so ist, wieso soll es dann in unserem Dauerfilm anders ablaufen? Wir meinen wir sehen die Wahrheit, nur haben wir in Wirklichkeit unser Erfahrungsaugenglas aufgesetzt. So gehen wir durch unsere Welt, sammeln weiter diese neuen Erfahrungen und tun uns dabei natürlich schwer das Ganze richtig einzuordnen. Deshalb habe ich an dieser Stelle eine Frage an dich. Wieso solltest du negative Gedanken an ein Ereignis verschwenden, das sowieso eintreten wird? Es wäre hier doch viel geschickter gedanklich vorzuspulen, den Film sozusagen vom Ende in Richtung Anfang zu schauen und sich auf mögliche Inhalte vorbereiten. Das wäre das einfachste Drehbuch. Konjunktiv. Die Umsetzung schauen wir uns jetzt einmal etwas genauer an, denn einen Teil davon können wir auf jeden Fall beeinflussen und das ist im Grunde sogar ein ERFOLGSGARANT. Worüber haben wir denn wirklich die komplette Macht? Was liegt alleine in unserer Hand? Es sind UNSERE GEDANKEN und du kannst dir schon denken worauf *meine* Wahl fällt. Positivität oder Negativität? Na, was denkst du? Und vor allem wie entscheidest *DU* für *DICH*? Team A oder Mannschaft B? Schwarz oder weiß? CDU oder SPD? Sonne oder Regen?Sarah oder Piedro? Deine Gedanken oder deine Entscheidung?

„Das Glück im Leben hängt von den guten Gedanken ab, die man hat.“
- Marc Aurel

Ich hoffe dir geht es ein wenig so wie mir #monkincoming. Es ist ein tiefgründiges Fachgebiet und ein noch subjektiveres Thema. Du hast schon deine eigenen Erfahrungen gemacht, hast dein altbekanntes Päckchen zu tragen (du weißt selbst wie leicht/schwer es ist) oder bist gerade dabei Erinnerungen zu sammeln. Auch in Zukunft wirst du deine mentalen Kapazitäten damit füllen, so wie wir alle eben. Du hast bereits erfahren wie die ganze Sache mit dem Monk(ey)-Barometer funktioniert - du kennst deinen aktuellen Stand und weißt am Besten, ob das für dich eine „gesunde Einstellung“ ist bzw. es sich um eine „Reise“ handelt, die sich für dich gut anfühlt. Es ist wichtig zu wissen wo du stehst und dabei darfst du ruhig ein wenig Gnade mit dir selbst walten lassen. Ob du am Anfang deines Abenteuers bist (Security Check), schon mittdendrin (Economy Class mit einem Glas Wein in der Hand) oder bereits halb betrunken (am Zielort) angekommen bist - es ist in Ordnung. Es ist dein Pfad. Es ist dein Leben. Es ist deine Entscheidung. Genau um diese Überschrift wird sich das nächste Kapitel drehen, also vorher etwas ausnüchtern sollte hilfreich sein ;) Take it easy sozusagen, im wahrsten Sinne des Wortes!

--->

Monkeys *Monk*

Wie ist dein Monk(ey)-Stand?

- *Welche Erfahrungen haben dich besonders geprägt?*
- *Wie bist du mit den erlebten Inhalten umgegangen?*
- *Was hat dir für die Bewältigung von neg. Ereignissen geholfen?*

Der Schreibflow hat mich grade ziemlich im Griff und es fühlt sich gut an diese Zeilen mit dir zu teilen. Dieses Hoch nutze ich, um dir etwas mit an die Hand zu geben. Dann hast du erst mal ein bisschen Ruhe von mir und du kannst ganz entspannt in meine Gedankenwelt am Anfang der Reise eintauchen. Also, hol dir doch tatsächlich ein Gläschen Wein oder mache dir einen Kaffee, falls es noch zu früh zum Betrinken ist. Expertentipp: Lasse den Kaffee abkühlen, denn meine inneren Monkeys verleiten mich tatsächlich überall auf der Welt zu vorschnellem Trinken.

Der 1. Gedanke	}	*zieht*
Die 1. Idee		*jeweils*
Der 1. Plan		*GLEICHES*
Das 1. Ziel		*an.*

Auf die Art des 1. Gedanken folgt also ein 2. und ein 3. Gedanke? Wieso sollten wir dann den Anfang unserer Denkmuster destruktiv und negativ gestalten und uns so selbst limitieren? Das macht doch eigentlich wenig Sinn oder? Dir das bewusst zu machen ist ziemlich cool. Diese Information in deinem Alltag anzuwenden ist mächtig, denn damit gewinnst du Leichtigkeit. Für dich. Dein Leben. Und natürlich für die verbundenen Reaktionen auf all deine Erfahrungen - du wirst für deine Gedankenkonstrukte (schon bald) dein eigenes Drehbuch haben. Diesen Erfahrungswert/diese Sichtweise wollte ich dir mit auf den Weg geben.

TIME TO WAVE GOODBYE

Kaffee oder was auch immer vor dir? Tasse auch wirklich ordentlich gefüllt? Das Leben ist nämlich eindeutig zu kurz für das traurige Schicksal einer zu leeren Tasse. Alles bereit? Du auch? Dann kann die gedankliche Reise ja beginnen - also stelle dir einfach folgendes Szenario vor:

> *Es ist der 02. September (ein Samstag) und du genießt den vorerst letzten Abend mit all den lieben Menschen, die du gerne um dich herum hast. Genau diejenigen, die dir einfach so richtig gut tun. Ihr habt eine verdammt tolle Zeit miteinander und mindestens genau so viel Bier intus. Ich meine wie feiert man seinen Abschied in Bayern? Natürlich in Lederhose, mit reichlich isotonischen Erfrischungsgetränken und selbstverständlicherweise auf einem regionalen Volksfest, ganz casual eben. Zu viel süddeutsche Tradition? Sorry dafür. Also, du hattest hast heftig genialen Abend, es ist mittlerweile 02:30 Uhr und du verabschiedest dich nach und nach von deinen Liebsten. Dein innerer Monk ist vollends dankbar und glücklich so ein tolles Umfeld zu haben. Um 3:30 Uhr fällst du dann vollkommen erschöpft und positiv k.o. in dein Bett. Am nächsten Morgen lässt dich dein Monk trotz wenig Schlaf und noch genügend Restalkohol früh wach werden. Eigentlich zu früh, nur du bist weit entfernt nochmal schlafen zu können. Du weißt „heute geht's los." Noch besser, du bist zudem katerfrei - ein Traum! Es war genau ein solcher Abend, an dem du mehr trinken kannst als ein russischer Gast in einem All-Inclusive-Hotel, du warst schlichtweg „im Modus." Das ist dann auch echt hilfreich so, denn am frühen Nachmittag geht's dann tatsächlich los. Ein Gedankenmix aus „ich freue mich mal anderweitig" und „der Abschied von der wichtigsten Person in meinem Leben steht erst noch bevor" macht sich in dir breit. Auch ein „wer zur Hölle kommt bitte auf die Idee diese Reise zu machen und zieht es dann auch noch wirklich durch?" ist mit von der Partie. All das schwirrt in deinem Kopf herum und lässt deine inneren Monkeys wilden Samba tanzen - in einer riesengroßen und zugegebenermaßen hektischen Zirkusmanege. Natürlich sind sie auch während der Autofahrt zum Flughafen ein allgegenwärtiger Begleiter, beim „kurz und knackigen" Abschied von deinem Partner, in der Schlange vom CheckIn und beim Flughafenbier mit deinem*

Reisepartner Tristan - überall sind die aufgedrehten Äffchen in deinem Kopf und lassen alles zu… nur eben ganz wenig geregelte Gedankenverhältnisse. Die Zeit verfliegt, dann geht's auch schon zum Boarding und die Damen von der Airline warten schon auf euch #ups. Das Ziel: Kapstadt. Wie der Flug abläuft? Das kannst du dir sehr gut vorstellen, eventuell sind ein paar Gin Tonic mit an Board. So verfliegt dieser Transport im wahrsten Sinne des Wortes und es folgt das nächste Ziel bei Ankunft: Ab in den Uber und auf in Richtung Hostel, mitten in der Innenstadt dieser großen Metropole Südafrikas. Was dann? Gepäck verstauen, nur wohin mit den Wertsachen? Mh, lieber mal am Körper tragen bevor noch jemand den Rucksack klaut - so weit deine Überlegungen. „Da sind sie sicherer" flüstert dir dein klassischer Monk zu, der diese Vorstellung natürlich ganz toll findet. Ihr seid direkt im Stadtzentrum. Welche tolle Idee kommt euch da natürlich gleich in den Sinn? Die Stadt zu Fuß erkunden, wie man das eben so macht mit all dem Entdeckungsdrang und der „die Reise beginnt endlich"-Euphorie im Gepäck. Es ist ja schließlich sonnig und das Wetter lädt euch quasi zur Erkundung deluxe ein, also auf zur Mission. Der interne Auftrag: Raus aus dem Hostel, erste Straße rechts und here we go… STOP!!! Wieso solltest du hier stoppen? Was hast du übersehen? Der Plan ist grundsätzlich gut, nur merkst du auf einmal und ziemlich plötzlich „hier läuft's anders." Im gleichen Moment huscht ein Bettlerpärchen hinter dir über die Straße, dein Freund Tristan ist derweil irgendwie 20 Meter von dir entfernt. Die beiden offensichtlichen Landstreicher beginnen dich zu verfolgen. Währenddessen schreien sie dir „we don't wanna rob you, we are just into food" zu und das trifft dich. Was tun? Wohin gehen? Umkehren oder versuchen zu Tristan aufzuschließen? Auch der Zusatz des Paares „please man please" ändert sehr sehr wenig an der Situation und lässt deine Monkeys gleichzeitig paralysieren. Das Gefühl dabei? Intensiv, eigentlich eher intensivst und es überfordert dich und auch Tristan mal so richtig. Dein Herz beginnt derart laut zu pochen und trommelt wie verrückt in deiner Brust. Soooooo viele verwirrende Fragen schießen dir durch den Kopf… Seid ihr zu blauäugig an die Sache herangegangen? Zu euphorisch? Oder ist das hier einfach eine andere Welt? Ist das hier vielleicht normal? Habt ihr aus Naivität (und zu viel vermeintlicher Sicherheit) eine Erfahrung gemacht für die ihr eine andere mentale Verfassung gebraucht hättet? Diese

Fragen gehen dir in aufbrausend schneller Geschwindigkeit und derartiger Heftigkeit durch den Kopf, dabei ist die Quantität der negativen Emotionen ebenso immens. Nach 50 Metern beschließt du für dich und gemeinsam mit Tristan im Verbund die Mission „Stadt erkunden" für gescheitert zu erklären. Ihr seid euch einig euer Vorhaben abzubrechen und das Missionsziel abzuändern. Das neue Aufgabengebiet lautet: „Erst mal im Cafe des Hostels chillen und durchatmen."

Ende der Vorstellrunde? Na, war es ähnlich intensiv wie es sich beim Schreiben angefühlt hat? Hoffentlich, denn die Erfahrung sitzt tief und das obwohl dabei alles gut gegangen ist. Sie hat mich geprägt, für diesen Tag und für die komplette restliche Zeit, die wir in Kapstadt verbracht haben. Eigentlich sogar für die ganzen drei Wochen, die wir in Südafrika verbracht haben. Jetzt erst mal der Reihe nach, denn das was du da gerade gelesen hast ist der 30-stündige Auszug meiner „emotionalen Erfahrungswelt" vor, während und nach dem Start meiner Weltreise. Es war ganz schön was los und deswegen habe ich gemeinsam mit Tristan dann wirklich erst einmal jeweils einen Kaffee in diesem Besagten Hostel gebraucht, einen mit extra Schuss versteht sich. Ich kann lediglich für mich sprechen, nur hat Tristan's Körpersprache das exakt Gleiche ausgesagt. Die Zeit einfach nur am Fenster zu sitzen, durchatmen zu können und dabei meinen heißen Kaffee vollends zu genießen - sozusagen Mission erfüllt, zumindest diese. Meine Emotionen dabei: Erleichterung, denn mein innerer Monk hat sich dazu entschlossen erst einmal mehr Informationen über die Gegend sammeln zu wollen. Dabei half ihm aktives Beobachten aus der Ferne. Woher er nur weiß, dass mehr Infos einen anderen Blickwinkel ergeben... mh?! Ich hoffe ich konnte dich ein wenig mit in das südafrikanische Großstadtkino mitnehmen.

Meine Monkeys hatten sogar beim Schreiben ordentliche Herzattacken, die Erfahrung an sich stellt das natürlich in den Schatten. Meiner Interpretation nach waren Bruce Willis, Keanu Reeves und Tom Cruise Teil des Ganzen - es war einfach actionreich, subjektiv spannend und irgendwie im Nachgang betrachtet relativ verrückt. Ich habe viele Geschichten dieser Art gehört während wir in diesem Teil von Afrika unterwegs waren. Natürlich sind die meisten negativ, wie auch sonst? Ich bin sehr froh diese Zeilen hier gerade an einem anderen Ort dieser Welt zu schreiben. Klingt jetzt eventuell ein wenig überdramatisch, nur wirst du gleich ein Bild davon bekommen wie es auch anders ausgehen kann. Da rufe ich mir lieber einmal öfter Dankbarkeit für meinen Gesundheitszustand ins Gedächtnis, das hilft mir und vor allem meinem inneren Monk. Ich möchte hier eine Info im Vorfeld ergänzen: Verstehe mich bitte richtig, Südafrika ist ein wunderschönes, ein absolut vielfältiges und sehr beeindruckendes Land - dort die Reise zu starten war es aus diesen Gründen sowas von Wert und eine echt gute Entscheidung. Wir hatten dort wie bereits erwähnt tolle drei Wochen und haben dabei vielfältige Erinnerungen gesammelt bzw. vor allem tolle Menschen kennengelernt. Jetzt kommt das worauf du vermutlich schon wartest, das ABER in Form der Sicherheitslage. Du weißt ja mittlerweile was ich von diesem Wörtchen halte… Abstand. Deswegen formuliere ich es einfach anders und ich sage dir, dass ich während unseres Aufenthalts uns vor allem in größeren Städten tatsächlich lieber zwei Mal über meine Schulter geschaut habe - natürlich ein wenig „vorgeschädigt" von dem kleinen vollkommen zufälligen Intermezzo am Ankunftstag. Ich als Einzelner und auch zusammen mit Tristan als Team sind wir weit davon entfernt naiv zu reisen bzw. uns vorschnell zu entscheiden. Wir bringen viel Erfahrung im Hinblick auf „wir gönnen uns Auszeiten in Form von Kurztrips, Urlauben & Co" mit und dennoch war dieses mulmige Gefühl ein etwas nerviger sowie ständiger Begleiter. Genau solange bis wir im Flugzeug saßen, denn dann wusste mein innerer Monk „es geht weiter ins nächste Land" und er war dabei seelenruhig. Welches Land das sein wird? Das werde ich dir vielleicht zu einem anderen Zeitpunkt verraten, ziemlich sicher sogar. Was wir dort für Erfahrungen machen werden? Ich habe mir ja noch Munition aufzuheben, denn die Mission „Reise" ist ja gerade erst gestartet ;)

Wie du siehst, Erfahrungen prägen uns alle -
unsere Perspektive, unsere Denkweise,
unsere Emotionen, unsere Gefühle, unser Handeln.
Oder ganz allgemein gesagt: Unser Leben.

Erfahrungen, mit all der Fülle/Facetten nehmen den Hauptteil unserer lebenslangen Mission ein. Irgendwie ist es doch dann unsere Aufgabe dem Erlebten eine bestimmte Rolle/Wichtigkeit/Priorität zuzuweisen, oder sehe ich das falsch? Ich meine wer macht es denn sonst? Hast du

Bock dich um die tiefgründige und zeitraubende Mission deines Nachbarn zu kümmern? Seien wir daher mal ehrlich, es ist doch jeder mit seinem eigenen Auftrag beschäftigt. Meist sogar ziemlich eingespannt und immer öfter auch gut überfordert. Ganz normal irgendwie mit all diesen Einzelanforderungen in jedem separaten Lebensbereich, da kann man schon mal den Überblick über die Gesamtmission „Leben leben" verlieren. Fassen wir's zusammen: Es kämpft doch im Grunde **jeder für sich**, deswegen liegt die Pflicht dafür auch **komplett bei dir** und du bist für deine eigenen Befehle zuständig - selbstverständlich auch als ausführender Kommandant!

POSITIV <––––> NEGATIV
(Wähle deine mentale Bewaffnung weise.)

Dir werden bei diesen beiden Begriffen sofort viele Gedanken durch den Kopf gehen, das ist ganz normal. Sind es Monk-Erfahrungen, bei denen alles gut lief? Sind es ein Monkey-Erlebnisse, auf die du gerne verzichtet hättest? Du wirst mit einer Seite der Grafik mehr assoziieren können bzw. zu einem der beiden Begriffe mehr passende Erfahrungen finden. Hand auf's Herz: Ist in deinem Leben bis jetzt alles ganz gut verlaufen? Vielleicht mit einigen klitzekleinen Ausnahmen? Dann wäre es doch ziemlich geschickt *dankbar* dafür zu sein und sich genau für diese positiven Geschehnisse bzw. die damit verbundenen Gedanken in Ruhe Zeit zu nehmen. Sei *dankbar* für den erfolgreichen Verlauf deiner Lebensmission, auch wenn Narben geblieben sein sollten.

„Scars remind me of just how far that I've come."
- Shakira

Negativität, Trauer, Leid, Verletzungen, usw. - auch das sind natürliche Teile unserer Erfahrungen. Ich beschränke mich hierbei auf diese Zeilen und ich weiß, dass ich mich gleich wiederholen werde. Wir wissen logischerweise alle, dass es früher oder später einmal schlecht laufen wird, vermutlich geht es in den meisten Fälle um den Verlust von etwas bzw. jemandem.

- *durch Krieg können wir dem Frieden mehr Hochachtung begegnen.*
- *durch Schatten können wir dem Licht größere Bewunderung schenken.*

- durch Verlust können wir noch mehr Wertschätzung geben.

Diese Zeilen will ich einfach mit dir teilen. Sie sind gerade spontan entstanden und vielleicht helfen sie dir im konkreten Fall bei deiner Reflexion, für die Bewältigung deiner Trauer und geben dir hoffentlich einen mögliche Blickrichtung nach vorne… denn leider können wir das Positive nur sehen, in dem wir uns mit dem Negativen direkt oder durch prophylaktische Reflexion damit auseinandersetzen.

Uri Geller würde an dieser Stelle „the stage is yours" von sich geben und in Richtung Bühne zeigen. Geh also raus, wähle deine Bewaffnung, passe deine Taktik an und bereite dich gedanklich auf das Schlachtfeld des Lebens vor. Die Frage ist, können wir dabei überhaupt gewinnen bzw. verlieren? Meistens läuft ja alles eigentlich ziemlich gut und das sollten wir uns im Hinterkopf behalten. Wenn dann die staubige Wahrheit unseren harmonischen Schlachtplan durchkreuzt ist das in Ordnung, wir sind ja schließlich darauf vorbereitet. Dann heißt's Staub abklopfen und weiter geht's. Egal was kommen mag, du bist für die Schlacht gerüstet ;)

STIMMT DAS VERHÄLTNIS?

Fünfundneunzig zu fünf. Ob das ein Spielstand eines American-Football-Spiels ist? Nein. Es geht mehr um das Verhältnis zwischen Positivität und Negativität, beruhend auf meinen bisherigen Erfahrungen der Reise. Ich schätze es enorm, dass bei uns bis dato alles gut gelaufen ist und wir eine atemberaubende Zeit hatten. Dabei habe ich auch eine ziemlich coolen Eindruck gewonnen: Manchmal stockt der Atem einfach aus unterschiedlichen Gründen!

Wie der Zufall des Lebens so will schreibe ich diese Zeilen gerade in Nordindien. Während ich schreibe komme ich mit Tom, einem deutschen Reisenden, ins Gespräch und jetzt wird's tatsächlich ziemlich kurios. Wir haben 15 Minuten miteinander gesprochen - über uns als Personen, den Hintergrund in Deutschland und natürlich sind wir auch auf das Thema Reisen gekommen. Es war ein gutes Gespräch, sogar sehr gut. Woran ich das festmache? Es hat „gezwischenmenschlicht" und das liebe ich einfach an Gesprächen. Es war wirklich kurz, nur inhaltlich eben ziemlich großes Kino. Zeitlich sehr passend und anscheinend vom Schicksal so gewollt.

Wieso erzähle ich dir das? Du darfst nun raten in welchem Land Tom zusammen mit seiner Freundin Sophia unterwegs gewesen sein könnte und wo die Beiden zugleich von Einheimischen überfallen wurden? Natürlich war Tom mit Sophia in Südafrika unterwegs und wurden dabei von maskierten Tätern überfallen. Ziemlich sch**** das nur zu hören, jetzt überlege mal wie die Erfahrung der Beiden war das hautnah zu erleben. Da verschiebt sich der Blickwinkel ziemlich schnell, stimmst du mir zu? Die positive Nachricht: Es handelt sich nur um einen Geldbetrag, der abhanden gekommen ist. Das noch Positivere: Den Beiden ging und geht es vor allem gut, also im Grunde sind die Zwei mit dem Schrecken davon gekommen. Also du siehst, das Gute gibt's sogar im Schlechten... oder wie einst ein ziemlich schlauer Kerl von sich gegeben hat:

„Die einzelnen wirklichen Feinde eines Menschen
sind seine eigenen negativen Gedanken."
- Albert Einstein

Was fehlt jetzt noch in diesem Kapitel? Persönlichkeit? Da hatten wir ja schon Steve Jobs. Reiseerfahrung? Wir waren bereits gedanklich in Südafrika, irgendwie ja sogar ganz kurz in Indien. Tiefgründigkeit? Auch da haben wir schon ein wenig unser gedankliches Territorium erweitert. Was fehlt also? Eigentlich haben wir alles, nur möchte ich hier noch ein zweites Monk(ey)-Barometer einbauen für dich einbauen. Bist du bereit? Ich hoffe es.

-->

Monkeys *Monk*

Wie ist dein Monk(ey)-Stand?

- *Was Positivität oder Negativität, wenn du an all deine bisherigen Lebensereignisse denkst?*
- *Wie ist das prozentuale Verhältnis der beiden Faktoren?*
- *Wie gut bist du auf zukünftige Erfahrungen vorbereitet?*

Du wirst deine Antworten finden, davon bin ich überzeugt. Dabei hält der Monk im Grunde an reflektiertem Optimismus fest, den er mit Vertrauen stützt während die Monkeys vielmehr auf Angst zurückgreifen, die auf zerstörerischem Pessimismus aufbaut. Auch hier gibt es nur eine Möglichkeit, denn die eine Seite schließt die andere Variante aus. #deineentscheidung

Ganz egal was du für dich gefunden hast, ich infaltriere dich jetzt kurz und knackig mit meiner persönlichen Lebenserfahrungsmission. Ready Seargent? Feuer frei, denn ich schätze tatsächlich jede Erfahrung. Ganz egal welcher Art. Ja, du hast richtig gehört. Positive Erfahrungen? Klar, her damit. Wäre natürlich ziemlich cool immer nur Erlebnisse in dieser Form zu haben. Negative Geschehnisse? Auch die nehme ich, denn sie sind genau so Teil des Lebens. Sie formen/prägen mich und ich beschäftige mich mit ihnen - genau in dem Maße wie sehr ich eben Einfluss darauf habe. Wenn ich etwas ändern kann bin ich dafür bereit. Dann gibt es die Dinge, die sowieso passieren werden (klingt jetzt ein bisschen krass an der Stelle, nur meine ich hiermit zum Beispiel den Tod als „Ablaufdatum des Lebens"). Stresse ich mich deswegen? Du kennst die Antwort und noch wichtiger, vor allem mein tiefenentspannter innerer Monk ist sich dessen bewusst. Dann sind da natürlich diese Erfahrugen, für die ich mich bewusst entscheide und die einen Großteil meines aktuellen Lebens prägen. Ich gehe dabei offen auf neue und andere Erlebnisse zu und probiere gerne Dinge aus, Stichwort Weltreise. Ich mag es einfach über den Tellerrand hinauszublicken und diese faszinierende Welt mit diesen bunten Facetten besser kennen bzw. verstehen zu lernen. Wenn ich es zu komprimieren hätte würde die Beschreibung meiner Einstellung zu Erfahrungen aktuell so lauten: Im Grunde habe ich einen „absolut in sich ruhenden und alles schätzenden"-Vollmonk in mir, denn so stelle ich für mich sicher immer dazu zu lernen. Fehler? Ich nenne es vielmehr Wachstumspotential, denn das gibt es schließlich immer. Um wirkliche Fehler kümmere ich mich nur, wenn ich zwei Mal die gleiche doofe Entscheidung treffe - dazu kommen wir gleich im nächsten Kapitel ein wenig ausführlicher.

„Nur wer sein Ziel kennt, der findet seinen Weg."

- Laotse

KAPITEL VIER

ENTSCHEIDUNGEN

„I don't need no sleep cause I'm already dreaming."

- Martin Garrix

Es ist gerade genau 01:18 Uhr und mein innerer Monk spricht zu mir. Such dir gerne aus wie du es interpretieren willst. Bin ich verrückt? Oder motiviert? Wer weiß. Kurzer Zusatz: Mir geht's gut, sehr gut sogar. Ich bin nüchtern und bei klarstem Verstand. Auch und gerade wenn der Zeitpunkt und der innere Weckruf „Zeit aufzustehen und produktiv zu sein" meines Monks natürlich andere Schlüsse mit sich bringen könnte... Egal, da ich mich eh bereits seit 45 Minuten im Bett hin und her wälze. Dann natürlich der Blick auf's Handy - total dämlich, nur in dem Fall auch irgendwie förderlich für das Buch. Kleiner fun fact: Gerade fängt das Licht über mir zu flackern an, ob das wohl ein Zeichen ist? Vermutlich. Ob ich es gekonnt ignoriere? Wahrscheinlich, denn meinen Organismus habe ich bereits instruiert. Also starten wir durch und ich gehe mal stark davon aus einer der ganz wenigen Menschen zu sein, die um 01:30 Uhr indischer Ortszeit an einem deutschsprachigen Buch arbeiten. Ich habe Bock... Bock zu schreiben, Bock meine Gedanken mit dir zu teilen. Ich schreibe aktuell stundelang, während des Tages sowie am Abend, in der Früh und seit Neuestem auch in der Nacht. Wann ich dabei schlafe? Gute Frage. Was morgen ist? Vermutlich ein Tag mit wenig Struktur. Das nehme ich gerne in Kauf, denn du kennst doch bestimmt dieses Gefühl. Du weißt schon, genau das, das tief aus deinem Inneren kommt, wenn du etwas wirklich (tun) willst. Dieses „ich habe das jetzt einfach zu erledigen"-Gefühl, auf das dieses zufriedene Lächeln gepaart mit einer absoluten Zufriedenheit folgt. Quasi Balsam für die Seele deines inneren Monks. Genau das zu tun was sich so verdammt richtig anfühlt und es gleichzeitig bewusst zu genießen. Diese Kombination und die damit verbundene Stimmungslage habe ich gerade intus, noch mehr als ohnehin. Ich koste es voll aus während ich diese Zeilen gerade für dich ausformuliere und kreiere meinen eigenen Glückskreislauf, wenn du es so nennen willst. Mein Oxytocyn-Level erreicht gerade ein neues „all time high" und davon könnte sich mein Aktienportfoilio gerne eine Scheibe abschneiden - kleiner Scherz aus der Finanzwelt. Ich komme mir aktuell vor wie mein absoluter Lieblings-DJ Martin Garrix, von dem auch das Eingangszitat dieses Kapitels stammt. Es passt einfach wie ein guter Beatdrop zu einem oberaffengeilen Effektfeuerwerk - flackernde Lichter a la „stabiles Stromnetz in Indien" passen da ja bekanntlich auch ganz gut dazu ;) Ich traume und dabei bin ich wach. Wacher denn je. Klingt jetzt erst mal nach einem heftig übertriebenen und schnulzigen 0815-Zitat, wenn man es Wort für Wort übersetzt. Eher so nach der billigsten Version eines

Whatsappstatusbildes von einer rüstigen Rentnerin. Ich denke du verstehst trotzdem worauf ich hinaus will oder?!

Ich bin euphorisch, verspüre diese innere Energie und habe den Drang all die Gedankengänge auf Papier zu bringen. Quasi in mein Notizbuch zu schreiben, das der Bibel zumindest optisch ziemlich nahe kommt. Motivation bis in die Haarspitzen also, inklusive diesem damit verbundenen Anflug von „es bin gerade enorm glücklich einfach zu schreiben." Was ist wenn mein Schlaf dabei zu kurz kommt? Mein Terminkalender für morgen vollkommen planerische Freiheiten für mich bereit. Diese Neuronendetonationen wollen aufgeschrieben werden, komme was wolle. So lenkt mich zumindest mein innerer Monk gerade und deswegen folge ich auch diesem speziellen Kapitel. Wie der Titel genau lautet? Being happy :-)

In der Zwischenzeit kläre ich dich auf auf was für einem „Untergrund" sich dieser Abschnitt und natürlich auch der weitere Inhalt des Buches befindet. Das Positive: Es wird kurz und knackig, denn ich erreiche gerade tatsächlich die letzte Seite meines Blocks. Es ist ein Exemplar, das ich vor ein paar Wochen im Osten Indiens von Mitarbeitern eines Tourismusbüros geschenkt bekommen habe - INCREDIBLE INDIA steht darauf geschrieben. Aktuell ist es eher das INCREDIBLE PROJECT IN INDIA. Jetzt beginnt die Suche nach noch beschreibaren Seiten. Zum Glück habe ich mich prophylatkisch um eine neue „Schreibunterlage" gekümmert. Es ist eine Art antike Bibel in einem irgendwie besonders aussehenden und hochwertigen Ledereinband. Sozusagen der Ferrari unter den Notizbüchern, zumindest für mich. Es war dieses kleine schnuckelige Antiquitätengeschäft inmitten der historischen Altstadt von Jaisalmer, in dem mich das Büchlein nach längerer Suche endlich angesprungen hat. Mein Monk hat da schon einen erlesenen Geschmack und als ich es dann gefunden habe, wusste ich sofort wie viele Glücksgefühle dabei haben würde während ich das Buch weiter schreibe. Ich habe mir und ihm quasi gleichzeitig etwas Gutes getan und das für schlanke 500 Indian Rupies (ca. 5,50€), so macht Shopping sogar mir Spaß. Ein bisschen fühle ich mich mit dem Buch wie der Nikolaus, der die Geschichten aller Kinder in seinem großen und ehrfürchtig aussehenden Buch niederschreibt. Long story short… Ich werde ab sofort wieder viel Platz haben mich schriftlich auszutoben. Vielleicht wirst du die Tatsache verfluchen. Fakt ist, ich mag das Buch, sehr sogar und das schreibe ich um 02:23 Uhr.

Wieso leite ich dieses Kapitel über Entscheidungen in exakt dieser Form ein? Ich wollte dir ein Gefühl vermitteln wie es gerade in meiner inneren Welt aussieht, denn Motivation von innen ist ein besonderes Gut. Das gilt es zu schützen und ganz nebenbei hast du erfahren welche Musik ich feiere. Es ging auch hierbei auch um viele kleine Aktivitäten, die eine Sache gemeinsam haben - ich habe sie so entschieden. Sei es meine Entscheidung aufzustehen (Grundbedürfnis), mein Entschluss wach zu bleiben sowie das Buch zu schreiben und mein bewusster Gedanke dieses old-school-Buch überhaupt zu kaufen (Konsum). Erkennst du worauf ich hinaus will?

MEINE GETROFFENEN ENTSCHEIDUNGEN

+

MEINE WIEDERHOLTEN ENTSCHEIDUNGEN

= MEIN LEBENSINHALT

= MEIN individueller und einzigartiger FAHRPLAN

Was braucht man denn überhaupt für einen Fahrplan? Also ich rede davon, dass es auch so richtig Sinn macht überhaupt zu starten? Ein Ziel. Ist mir mein Ziel bekannt? Ja… und jetzt zu dir.

- Ist dir deine Route bekannt und kennst du dein konkretes Ziel?
- Kommst du deinem Ziel näher oder befindest du dich in (d)einem Kreisverkehr?
- Fühlen sich deine Entscheidungen gut an oder verbesserungswürdig?

Ja-/Nein-Fragen sind hier etwas mit Vorsicht zu genießen - sie machen es deutlich zu leicht. Viel wichtiger ist es reflektierter vorzugehen und hinter das aufgesetze interne Navigationssystem zu blicken. Unser Gehirn ist nämlich geschickt im Pippi-Langstrumpf-„ich mach mir die Welt wie sie mir gefällt"-Denken und so lügen wir uns viel zu oft selbst an ohne dass wir es überhaupt merken. Die Art der Fragen schaffen hier ein riesengroßes Schlagloch, in das wir uns dann quasi selbst hineinmanövrieren. Dort finden wir sozusagen Antworten auf unsere zu wenig diversifizierten Fragen und was kommt dabei raus? Antworten, die uns zwar zufrieden stellen, nur tauchen diese Erkenntnisse auf Kosten von Transparenz und Reflexion auf. Diesen Schaltvorgang, so nenne ich ihn jetzt mal, haben wir perfektioniert. Ich sage ganz bewusst WIR und spreche von UNSEREM Gehirn, denn es betrifft dich sowie auch mich. Es beschäftigt UNS alle und dabei ist dieser ganze Prozess gekoppelt mit unseren vielen kleinen Monkeys. Sie halten uns in ihren wenig zielführenden Routinen gefangen und genau dort, in diesem Entscheidungskreisverkehr, fühlen sich die Äffchen besonders wohl. Es gibt dabei eine große Diskrepanz zwischen Bedarf und wirklichem Bedürfnis - auch das verbindet uns alle. Unsere kleinen Äffchen lassen uns oft „ich will das, JETZT" denken während uns eigentlich ein weiser älterer reflektierter Monk ganz ernst „brauchst du das wirklich oder willst du es nur?" fragen sollte. Ein meilenweiter Unterschied. Hast du darüber schon einmal nachgedacht? Eine Entscheidung für die Abzweigung „ICH WILL" kommt ungefähr dem gleich was passiert, wenn du die Handbremse deines Autos ziehst. Auf der Autobahn. Mit 150 km/h. Also Kommando zurück - wir legen kurz den Rückwärtsgang ein und versuchen es noch einmal, du wirst den Unterschied direkt an der Fragestellung merken.

Wie sehr verfolgst du deine Ziele?
Wie zufrieden bist du mit dir selbst?
Wie viel Erholung gönnst du dir täglich?

.

.

.

Es handelt sich hier nur um Beispielfragen, denn die Thematik ist natürlich subjektiv. Gibt es da wirklich die RICHTIGEN Fragen? Ergänze das Fragespiel gerne für dich, je nachdem was dir dabei in den Sinn kommt. Im Grunde geht es grob um die Art „wie triffst du deine Entscheidungen?" und noch mehr um „wie fühlst du dich dabei?" Ich bin gespannt auf deine Antworten.

Wir bleiben bei der Metapher des Fahrplans. Hast du ihn vor dir? Wenn ja, kannst du ihn auch lesen oder ist er codiert? Stimmen das Ziel deines internen Navigationssystems mit den Koordinaten deines Herzens überein? Reisen dein Herz und dein Körper sozusagen in die gleiche Richtung oder bist du in unterschiedliche Himmelsrichtung unterwegs? Lass uns das ganze Konstrukt mit dem Fahrplan etwas erweitern und stell dir dazu bitte ein kleines Segelboot vor. Wir nehmen mal an, dass sich die Windrichtung im Minutentakt ändert. Wie verhält sich der Steuermann dabei? Er ändert immer wieder den Winkel des Segels, richtig? Er möchte schließlich den Wind für sich nutzen. Dabei hat der Steuermann immer die Möglichkeit sein Segel den Gegebenheiten anzupassen. Eigentlich ne verdammt coole Sache, denn auch du hast DEIN Segel. Zufälle gibt's. Es kommt weniger darauf an wann oder wie akkurat du es einsetzt, denn du kannst DEINEN Manövrierapparat immer verwenden. Anpassen ist natürlich hilfreich.

Ich frage dich mal ganz direkt: Kennst du dein(e) Ziel(e)? Und noch wichtiger, hast du die Kontrolle über dein Segel, um diese auch zu erreichen? Jetzt kommt die vermutlich bedeutendste Frage: Versuchst du vielleicht gerade gegen den Wind anzukämpfen? Für kurze Zeit mag das funktionieren, eventuell hast du sogar ein Paddel mit an Board, das du ebenfalls einsetzen kannst. Mit der Zeit wir nur leider Folgendes passieren, es wird dir die Puste ausgehen. Also nochmal: Kennst du dein Ziel bzw. weißt du wie du dein Segel zu setzen hast? Es sind DEINE Antworten. Es sind DEINE Entscheidungen. Es ist DEIN Leben. Ganz egal wie du die Fragen beantwortest, ich hoffe du bist an Board. Und ich bin jetzt müde, es ist 04:19 Uhr und ich werde mein Bett aufsuchen... gute Nacht.

Ich hole an dieser Stelle mal das Monkeybarometer raus. Du bist nämlich an der Reihe und ich habe nochmal drei Fragen an dich. Du kannst sie gerne ergänzen, wenn du willst. Viel Spaß :)

-->

Monkeys *Monk*

Wie ist dein Monk(ey)-Stand?

Was treibt dich täglich an? Was sind deine Stärken? Was fasziniert dich?

Egal was es ist, mache mehr davon!!!
(Dabei wirst du nämlich mit deinem Segelboot
auf folgende Fragen treffen.)

Wohin willst du? Was willst du wirklich? Warum willst du es ?

Also Butter bei die Fische. In welchem Fahrwasser schipperst du gerade mit deinen Monkeys bzw. deinem Monk umher? Ordentlich Rückenwind am Start oder Anker noch im Wasser? Und die Richtung? Hoffentlich auf Kurs zum Hafen „bewusster Entscheidungen."

Was dir dabei helfen könnte - ein klarer Fahrplan bedeutet im Grunde, dass wir unsere Gedanken und somit unsere Motivationen/ Beweggründe/Antriebe kennen. Diese führen uns zu Entscheidungen, die uns gut tun. Erfahrungen machen wir dabei sowieso, das wissen wir bereits aus Kapitel drei. Wenn wir dabei also noch unsere Absichten (Ziele & Co) kennen, dann ist es als ob du zwei Segel auf deinem Boot montiert hättest. Perfekt harmonierend. Zielsicher. Also go for it!! Zur Not kannst du sogar einen zusätzlichen Motor einbauen, macht noch mehr Spaß ;)

„Alle meine besten Entscheidungen wurden mit Herz, Intuition, und Bauchgefühl getroffen."
- Jeff Bezos

Wie treffe ich meine Entscheidungen? Ziemlich bewusst würde ich mal sagen. Immer? Nein. Immer öfter? Auf jeden Fall. Im Grunde genommen versuche ich Entscheidungen so zu wählen, das mir das Ergebnis meiner eigenen Reflexion gut tut. Meistens beantwortet mir mein Bauchgefühl, ähnlich wie bei Jeff Bezos, im Nachgang eines Entschlusses die Frage wie von selbst. Das ist eigentlich ziemlich cool, weil ich mich dabei immer wieder ein Stück weit neu kennenlerne und ich mich zugleich selbst auf weniger gute Beschlüsse hinweise - das wird dann beim nächsten Gedankenprozess einfach miteinbezogen. Persönliches Wachstum, here we go! Hier könnte man jetzt meinen ich sei ein ziemlicher Ego-Bolzen, der nur auf sich schaut. Du kennst mich mittlerweile. Es ist anders. Die Meinungen meiner Mitmenschen respektiere ich in höchstem Maße, auch wenn ich für mich manchmal eine andere Sichtweise habe - bin ja schließlich ein Sozialmensch. Ich reflektiere mich und somit meine Entscheidungsfindungen beinahe täglich und zugleich tiefgründig, versteht sich irgendwie auch von selbst. Dabei versuche ich immer das Risiko meiner Wahl abzuwägen (natürlich so gering wie möglich zu halten) und gleichzeitig Vertrauen in das Leben zu haben. Trotz all dem bin ich weit weg ein klassicher „Überdenker" zu sein, d.h. mir *ZU VIELE* Gedanken zu machen und es zu verpassen aus dem Gedankenkarussell auszusteigen. Das ist bis hierher mein Fahrplan, der mich exzellent durch's Leben schippern lässt. Meistens als Kapitän, ab und zu auch als Besatzungsmitglied. Denn natürlich, wie sollte es anders sein, gibt es da auch einige Mannöver, die ich ziemlich gern abstellen würde. Zum Beispiel habe ich die Angewohnheit mich unterbewusst dafür zu entscheiden mir Barthaare auszuzupfen. Wieso ich das mache? Keine Ahnung, meistens tritt es bei Müdigkeit oder Langeweile auf. Ist es ziemlich doof von mir? Auf jeden Fall. Mache ich es trotzdem? Ja. Google sagt, dass es sich um eine Impulskontrollstörung handelt. Klingt irgendwie ziemlich heftig. Ich seh's positiv: Die Quantität nimmt ab und lieber äußert sich diese „Störung" so als dass ich Schwierigkeiten habe meine Emotionen in der Interaktion mit meinen Mitmenschen zu kontrollieren. Das ist so eine kleine Macke von mir, die ich versuche durch andere Verhaltensweisen zu ersetzen. Ich formuliere es anders, ich habe mich entschieden diese ziemlich unnötige Verhaltensweise bewusst einzudämmen und bislang geht es in die richtige Windrichtung - auch hier lerne ich Tag für Tag dazu. Die Entscheidung für die Weltreise war natürlich extrem bedeutend für mich und auch beruflich habe ich beschlossen nach meiner neunmonatigen Auszeit eine andere Richtung einzuschlagen. Alles Entscheidungen, die ich für mich treffe - meine Monkeys lenke ich immer mehr mit Stauden von Bananen ab und mein innerer Monk ist stolz mich jetzt schon seit längerer Zeit auf meiner Bootsreise zu begleiten. Hoffentlich bleibt er für immer an meiner Seite. Ich bin zuversichtlich.

VERSCHIEDENE LAUFBAHNEN

Wie schaffe ich jetzt den Übergang von meinem Entscheidungsmonk zu zwei Persönlichkeiten, die ich in diesem Kapitel einbaue? Dabei hätte man ja quasi das Ganze in andere (Lauf)Bahnen zu lenken? Apropo Laufbahn: Du kennst mit ziemlicher Sicherheit Usain Bolt?! Um ihn kümmern wir uns gleich, unter Anderem. Erst einmal nehmen wir den englischen Begriff *track* (= Bahn), denn so ist es eigentlich ziemlich naheliegend einfach die Erweiterung *music track* (= Titel) zu nutzen. Wieso sollte ich das tun? Sagen wir's so, auch ein Musiker Namens Martijn Gerard Garritsen wird Teil des Kapitels sein. Ausgefuchste Überleitung - also, let's get *on track*!

Wer dieser holländisch klingende Kerl ist? Eventuell kennst du ihn, das kommt ein wenig darauf an welche Musikrichtung du gerne hörst. Damit du auch sicher eine der Persönlichkeiten hier im Kapitel kennst, habe ich den Plan aufgestellt diesen weltberühmten und verdammt schnellen Jamaikaner ebenfalls mit rein zu nehmen. Die Frage ist nun was diese beiden Personen des öffentlichen Lebens gemeinsam haben? Herkunft? Eher weniger, die Karibik und Europa sind dann doch etwas weiter voneinander entfernt. Auch die Kindheit dürfte wenig Schnittmenge miteinander haben. Wir fokussieren uns ja schließlich auf das Kernthema des Kapitels: Entscheidungen. Die Gemeinsamkeit der Beiden findet sich nämlich genau dort und somit fokussieren wir uns auf die beiden Laufbahnen. Was zunächst nur zu Usain Bolt zu passen scheint, wird auch beim Jungspunt aus dem Wohnwagenland zu finden sein. So, bringen wir's in die versprochenen geregelten Bahnen. Martijn Gerard Garritsen wird im Jahr 1996 geboren in Amstelveen (Niederlande) geboren, über seine Eltern gibt es nur wenige Infos. Usain Bolt erblickt 1986 das Licht der Welt und das im landschaftlich eher abgelegenen Sherwood Content (Jamaika). Dabei besitzen seine Eltern ein Lebensmittelgeschäft in seinem Heimatdörfchen und er ist seit frühester Kindheit absoluter Fußballfan - Real Madrid und Manchester United haben es ihm dabei angetan, warum auch immer?! Kleiner Scherz am Rande des Fußballplatzes.

Ziemlich wenig Gemeinsamkeiten auf den ersten Blick oder? Was ist es dann was die beiden Jungs trotz ganz unterschiedlicher „Lebensvorzeichen" gemeinsam haben? Es ist ihre jeweilige

Entscheidung - zunächst in sehr jungen Jahren zu erkennen was ihnen Spaß macht, was sie antreibt, was sie tun wollen und dies dann auch zu ***verfolgen***. Am Besten für den Rest ihres Lebens. Usain hat den Sport absolut für sich entdeckt und Martijn die tiefgründige Liebe zum Ausdruck in Form von Musik. Diesen Schritt finde ich bemerkenswert, vor allem wenn man sich vor Augen führt wie sehr sich die Zwei mit ihren Lebensphilosophien, ihren zahlreichen Entscheidungen dabei und mit intensivsten Herzblut für diese eine Sache leben. Ganz nebenbei sind sie dadurch weltberühmt geworden und haben in ihrer Branche Meilensteine gesetzt. Erfolge für die Ewigkeit quasi. „Jetzt mal langsam" wird dir gerade eventuell durch den Kopf gehen, gefolgt von „wer zum Teufel ist denn jetzt dieser Martijn Holländer Gerard Wohnwagenbesitzer Garritsen?" Ich kläre dich mal darüber auf, denn es handelt sich um den 27-jährigen Top-DJ und Musikproduzenten Martin Garrix. Er tritt seit Jahren in allen Metropolen dieser Welt auf, füllt Stadien zum Frühstück und ist mein Lieblingskünstler der Branche. Seine Musik ist einfach anders, sie ist intensiv und hat eine tiefere Botschaft. Für mich zumindest, denn er drückt in seinen Songs etwas aus was sich sehr schwer objektiv beschreiben lässt. Ob das also auch für dich der Fall ist hängt natürlich extrem von deinem Musikgeschmack und deiner eigenen Interpretation ab, entscheide also selbst. Das folgende Zitat könnte dir einen ganz guten Vorgeschmack geben wie er seine Musik entstehen lässt.

„All unsere Träume können wahr werden,
wenn wir den Mut haben ihnen zu folgen."
- Martin Garrix

Wie kam's dazu? Wir begeben uns mental auf den track und schauen mal welchen bassgetränkten Übergang uns das beschert. Um die Tiefgründigkeit des Zitats zu verstehen reichen uns Flip Flops, also wir bleiben weit entfernt von körperlicher Anstrengung und brauchen nur den Schongang - Glück gehabt also ;) Martijn ist seit seiner Kindheit eng mit der Musik verbunden, er hört die übliche Musik und lernt mit acht Jahren Gitarre zu spielen. In dieser Zeit sieht seine Mama einen Auftritt im Fernsehen, ist davon beeindruckt und ruft Martijn daraufhin zu sich. Er kommt aus seinem Kinderzimmer und setzt sich zu ihr vor den Bildschirm. Dabei passiert etwas Magisches, das er als „I felt euphoric, energetic. It was unique." beschreibt. Was war es, das ihn derart bewegt hat? Es ist eine Performance der DJ-Legende Tiesto, der bei den Olympischen Spiele in Athen alles gibt und dem Publikum so richtig einheizt. Im holländischen Wohnzimmer sitzend beschreibt Martijn „the music triggered something in me. It was powerful. It was emotional" und so verändert dieser Auftritt im wahrsten Sinne des Wortes sein Leben. Er lässt sich davon inspirieren, entscheidet sich seinem spontan gewonnenen Vorbild zu folgen und er möchte selbst ein großer Musikproduzent werden. Ein ambitionierter Wunsch in diesen jungen Jahren. Er beschließt von nun an seine eigene Musik zu mischen und zu produzieren. Den Startschuss hierfür bilden Auftritte als DJ Marty (gerne mal googeln, schon irgendwie witzig) und er übt fleißig immer besser zu werden. Er probiert sich aus und beginnt schon bald sich seinen persönlichen Traum zu erfüllen. Sein Vorbild weiterhin und zugleich sein Motivator: Selbsterklärend, Tiesto ist ebenfalls aus dem besagten Holland. Aus diesem reinen Üben wird etwas mehr, deutlich mehr sozusagen, und es spiegelt dieses *„verfolge deine Träume und greife nach ihnen"- Mindset* einfach so perfekt wider. Mein innerer Monk könnte quasi heulen vor Glück. Wie geht's dir? Schon inspiriert? Eventuell fehlen auch noch ein paar Meilensteine, die dein Bild von Martin Garrix ziemlich vervollständigen dürften. Mit 17 Jahren betritt er zum 1. Mal eine wirklich große Bühne. Also groß groß um genau zu sein und spielt in Miami vor 40.000 Menschen. Seitdem ist er auf allen bedeutenden Festivals der Welt vertreten und wird über Jahre hinweg zu DEM Aushängeschild der *electronic dance music*. 2016 wird er zum erfolgreichsten DJ des Jahres gewählt und wiederholt diese Erfolge auch in den beiden darauffolgenden Jahren. Natürlich setzt er jeweils und in Summe wieder ordentlich Meilensteine, vermutlich für die Ewigkeit. Drei Mal darfst du raten wer seit Jahren mit und neben seinem großen Idol „the Big Tiesto" auf der Bühne steht? Na, dämmert's schon oder soll ich noch eine weitere Frage hinzufügen? Wer könnte 2018 die Olympischen Spiele in Südkorea mit einer bombastischen Live-Show beendet haben? Du wirst es intuitiv richtig beantwortet haben und der Teil der Recherche für's Buch hat wieder einmal richtig richtig Spaß gemacht. Denn man sieht dem lieben Martin Garrix seine Emotionen, sei es seine gewaltige Vorfreude oder diese schwer in Worte zu beschreibende Energie während seines Auftritts, einfach sowas von an. Eintagsfliege? Weit davon entfernt. Wer eröffnet die Fußball-Europameisterschaft 2020 in England mit rund 200 Millionen Menschen vor den Bildschirmen? Wer liefert dabei mit „We are the people" den offiziellen Titel zur EM und hat einen gewissen Bono mit von der Partie? Auch zuvor und im Anschluss daran kooperiert Martijn mit Größen der Musikbranche wie beispielsweise David Guetta, Justin Bieber, Ed Sheeran und wie sie alle heißen. Das spricht alles seine ganz eigene Sprache und er wird u.A. zum Aushängeschild für Armani, Axe und die Formel 1 - dort spielt er nämlich seit geraumer Zeit seine (Musik)-Tracks neben dem race track - ganz schön cool!

„I never left my dreams. Always did I follow them and always did I believe and nowadays look at me."
- Martin Garrix

Man könnte dieses Zitat so interpretieren als sei er ein ziemlich abgehobener Kerl, nur dafür wirkt er schlicht zu bodenständig. Er ist tatsächlich auf dem Boden geblieben, engagiert sich seitdem er 20 Jahre alt ist (!!!) für wohltätige Zwecke in Indien, Mexiko, Südafrika und vor allem natürlich im beheimateten Holland. Er sieht seinen persönlichen Auftrag vielmehr darin Menschen mit seinem täglichen Tun zu helfen, zu unterstützen, zu begeistern und zu inspirieren. Dabei vertraut er auf sein Bauchgefühl und motiviert seine Hörer eben genau dasselbe zu tun. Was soll ich da noch groß sagen? Bei mir hat er all das auf jeden Fall erreicht. Bei dir auch? ;)

„Always trust your gut feeling."
- Martin Garrix

Wie meistern wir jetzt die Hürde und springen von Martin's Bauchgefühl zu Usain Bolt? Da reicht wieder das Wort Laufbahn, nur diesmal brauchen wir statt Flip Flops die Laufschuhe - vielleicht nehmen wir sogar die mit einem Puma drauf, darauf kommen wir später noch. Im Grunde könnten wir auch nur die vielsagende Beschreibung „kometenhafter Aufstieg in donnerblitzartiger Geschwindigkeit" verwenden, denn genau den haben die Beiden gemeinsam.

Usain Bolt, du kennst ihn. Er ist uns allen ein Begriff, nur wie genau kam dieser Junge aus dieser kleinen jamaikanischen Provinz mit dem „ich habe nur Sport im Kopf"- Gedanken eigentlich auf die Laufbahn? Also im wahrsten Sinne des Wortes. Von seiner Fußballbegeisterung wissen wir bereits, dazu kam in seiner frühen Kindheit Cricket. Da ich davon viel zu wenig verstehe überlassen wir diesen Sport mal lieber dem indischen Volk, die können das besser. Er verfolgte zunächst eifrig diese beiden Sportarten und dabei fällt seinem Trainer eine besondere Sache auf: Der Bursche ist verdammt schnell! So landete er, mehr oder weniger freiwillig und ohne große eigene Ambitionen, auf der roten Aspahlrennstrecke. Und genau dieses Territorium beläuft er von nun an ständig, denn mit täglichem Training bemerkt er den Spaß an der Ausübung seiner neugewonnenen Lieblingssportart. Er *entscheidet* sich für tägliches Training, gepaart mit eiserner Disziplin, dauerhaftem körperlichen Einsatz und noch mehr Schweißperlen - das bringt er in einem vielsagenden Zitate sehr zielsicher auf den Punkt.

„I trained ***4*** *years to run* ***9*** *seconds (…)."*
- Usain Bolt

Wow, finde ich zumindest. Noch mehr sagt es meinem Empfinden nach über seine enorme Willensstärke und den damit verbundenen wahnsinnigen Tatendrang seinerseits aus. Wir wissen alle was er dadurch erreicht hat, vor allem verbinden wir ja ihn und sein Gesicht mit dem Laufsport - oder natürlich umgekehrt. Er ist ja schließlich auch der bestbezahlte Athlet seines Fachs, natürlich mit meilemweiten Abstand. Dabei stellt auch er den ein oder anderen Rekord für die Ewigkeit auf und gewinnt ein paar Medallien. Die Farbe dabei ist selbstverständlich meist Gold. Und die genaue Anzahl? Seien wir ehrlich, irgendwann haben wir doch alle aufgehört zu zählen, hab ich Recht? Das Bemerkenswerte dabei ist, dass sein rechtes Bein tatsächlich 13mm kürzer ist als die andere Seite - das macht die Leichtigkeit, die definitiv Teil seines Laufstiles ist, noch erstaunlicher. Der Typ entscheidet sich schlichtweg zu schaffen was er möchte und so hat Usain Bolt im Sport seine eigene lebenslange Berufung gefunden. Er ist sich dabei stets treu geblieben und somit für mich eindeutig eine weitere Inspirationsquelle, für dich auch? Als Nebeneffekt seines sportlichen Erfolges kennst du eventuell sein Gesicht von Werbetafeln. Jetzt kommen wir, wie vorhin bereits angekündigt, zu der Firma mit der exotischen schwarzen Raubkatze (Puma) oder der Marke hinter diesem blauen, etwas giftig aussehenden, Sportlergetränk (Gatorade). Diese weltbekannten Firmen haben sich die Dienste des wohl bekanntesten Jamaikaners für lange Zeiten gesichert. Was neu für mich war und mit Sicherheit auch für dich ziemlich aus dem Nichts um die Ecke gefahren kommt ist die neue Aufgabe des Herrn Bolt. Er fungiert nämlich im Jahr 2018 als Mitgründer und Namensgeber eines Fortbewegungsmittels inmitten von all den Großstadtdschungeln dieser Welt. Der Name? Bolt. Die Art seiner Investition: Elektroroller, die die Staus in den größten Metropolen auf dieser Erde etwas entzerren soll. Diese Roller kommen in diesem seltsam grünen Anstrich daher und bilden im Grunde die Konkurrenz zu den sehr bekannten TIER- und LIME-Scooter. Vielleicht bist du ja bereits mit einem dieser E-Scooter gefahren? Ist ja mittlerweile ziemlich in. Vom Nachnamen Bolt kommen wir zu den Vornamen der Kinder von unserem pfeilschnellen Allrounder. Ich verspreche dir du wirst dabei einen Schmunzler im Gesicht haben… oder du schüttelst den Kopf, ist auch ziemlich naheliegend. Taaaaaaaadadada, Olympia Lightning und Thunder heißen zwei seiner drei Kinder. Tatsächlich, in Jamaika ist sowas anscheinend möglich. Was da wohl ein deutsches Standesamt dazu sagen würde? Sie würden es natürlich ERNST nehmen, ist ja klar. Ziemlich gewöhnungsbedürftig auf jeden Fall von Usain Bolt seine Kinder „Blitz" und „Donner" zu nennen - da hat es Kind #3 mit Leo Saint ja eigentlich noch ganz gut erwischt.

„Skill is developed by hours and hours of work."
- Usain Bolt

Wie viel Arbeit er in die Produktion seiner Kinder hineingesteckt hat? Man munkelt. Wie viel Aufwand er in seine Karriere investiert hat? Offensichtlich. Was er dabei liebt? Ebenfalls sehr leicht zu erraten. Was er nach seiner professionellen „Laufbahn auf der Laufbahn" noch Jahre fortgeführt hat? Sport. Das sogar in mehreren Anläufen und in den verschiedensten Formen - je nachdem worauf er Lust hatte. Wie er diese Richtungen *danach* gewählt hat? Durch bewusstes Reflektieren. Womit Usain Bolt *damals* begonnen hat? Mit einer Entscheidung.

„Mache was du für richtig hältst. Es wird immer jemanden geben, der anders denkt."
- Michelle Obama

MEIN WARUM

Kündige ich tatsächlich meinen aktuellen Job? Lasse ich all meine Lieben wirklich zurück? Will ich das mit der Reise echt machen? Und auch so lange von zu Hause weg bleiben? Und das auch ohne Rücksicht auf meine Rentenpunkte einfach so durchziehen? Fehlt mir denn irgendwas in Deutschland? Bin ich denn wenig zufrieden mit meinem Leben im Allgemeinen? Laufe ich vor etwas weg? Wieso tue ich mir denn eigentlich diese ganzen Reisestrapazen an? Will ich das jetzt ohne Sch*** durchziehen? Fliege ich jetzt wirklich? Also so wirklich wirklich?

Diese Fragen haben mich in verschiedenen Stadien meiner Reiseplanungen alle erreicht. Von außen. Alle drehen sie sich im Grunde um eine große zentrale Frage: WARUM? Die Anzahl war immens, der Beweggrund meines Umfelds dahinter klar ersichtlich. Je näher die Reise dann tatsächlich gerückt ist, desto mehr waren diese Fragen Teil JEDES Gespräches. Teilweise war es mir zu viel. So sehr im Mittelpunkt zu stehen liegt mir fern. Die Leute in meinem Umfeld haben damit mehr Stress bzw. Monkeys in meine Gedanken gebracht als ich es für mich selbst jemals hatte. Ich meine ich hatte ja alles im Griff, habe alles soweit möglich geplant und diese Art von Vorbereitung hat meine Vorfreude auf mein Vorhaben heftigst befeuert. Jeder Impftermin, der Besuch beim Zahnarzt (man will ja die gute altbewährte deutsche Krankenkasse noch ein wenig ausnutzen) und der frühmorgentliche Besuch bei der beliebten Zulassungsstelle mit all diesen hochmotivierten Mitarbeitern (Ironie Ende.), all das super easy für mich. Ich habe es genossen, jeden einzelnen Termin. Irgendwie hat man mir das scheinbar angesehen, denn Vicky, meine geschätzte Schwägerin in spe, hat mich da ein wenig damit aufgezogen. Wo Vicky's Monkeys verrückt spielen würden, selbst da war ich tiefenentspannt und habe es als „Bonus-Vorfreude" wahrgenommen - rund 15 Impfungen, die Beißerchen checken lassen & Co ist schliesslich jeweils ziemlich wichtig für so eine Reise. Wie also umgehen mit all den Fragen von außen? Es ist ein sehr schmaler Grat zwischen „ich nehme die Gedankengänge meines Umfelds als gut gemeinte anregende Ratschläge/Unterstützung an" und einem „in der letzten Zeit führe ich das GLEICHE Gespräch zum 100. Mal und es fühlt sich seltsam an zum 101. Mal im Zentrum der Aufmerksamkeit zu stehen."

Ich habe mich bewusst für die Erfüllung meines Traums entschieden. Anfänglich war es ein kleiner Gedanke und im Laufe von zwei Jahren wurde daraus schließlich ein immer konkreter werdender Plan. Mit meiner Entscheidung habe ich mein Umfeld teilweise überrascht, manche meiner Mitmenschen waren auch geschockt. Ich habe viele negative Kommentare gehört und sofort für mich beschlossen diese allesamt auszublenden. Natürlich mit reichlich Reflexionsgabe, denn teilweise waren diese Aussagen einfach da um mich vor den „Krisengebieten" und „Sorgenorten" dieser Welt zu bewahren. Dafür bin ich dankbar. Sehr dankbar sogar. Ich habe ein wirklich tolles Umfeld, das mich in jeglicher Hinsicht unterstützt - ganz egal wo ich mich auf dieser Weltkugel befinde. Sie verstehen mich, auch wenn sie sich aktuell auf anderen Reisen in ihrem Leben befinden und so für sich anders entscheiden würden. Diese Voraussetzungen weiß ich sehr zu schätzen und auch hierfür danke ich jedem Einzelnen. Wer damit gemeint ist, das weiß DER-/DIEJENIGE :)

Ich habe diesen Weg gewählt, weil ich es so wollte. Es ist einfach schon seit längerer Zeit mein Traum und ich bin gerade dabei ihn mir zu erfüllen. Ich genieße es, sehr sogar! Im Nachgang betrachtet hat mich mein Aufenthalt in Amerika (2019/2020) dazu angestiftet, bereits dort habe ich und mein innerer Monk gemerkt wie mich Zeit im Ausland zu verbringen bereichert - noch mehr bzw. natürlich nochmal anders als mit den luxuriösen Rahmenbedingungen in Deutschland. Dauerhaft in Amerika zu leben macht eigentlich nur Sinn, wenn dein Geldbeutel so prall gefüllt ist wie der von Shakira, Johnny Depp oder über wen auch immer du „der ist so arschreich" denkst. So sind es eben die allbekannten Westküstenurlauber, die dort diesen California-Nevada-Roadtrip ansteuern, dabei drei Wochen ordentlich Geld ausgeben und im Bestfall natürlich jedes Essen mit Instagramfilter in Szene setzen. Hashtag liveyourlife quasi ;)

Mein einjähriger Aufenthalt dort hat es mir im Grunde noch leichter gemacht mich für die Reise zu entscheiden, mich darauf einzulassen. Ich habe schon im Vorfeld gewusst wie viel es mir „geben" wird neue Erfahrungen zu machen und dabei mit Personen aus aller Welt in Kontakt zu kommen. Außerdem sprechen viele Leute immer vom falschen Zeitpunkt: Für mich war/ist es der absolut Richtige! Es war eine absolute Bereicherung, trotz Covid und vor allem wegen Covid. Im März 2020 hatte ich gerade Halbzeit und schnell wurde uns ja allen klar, dass Corona weit mehr ist als diese mexikanische Biermarke. Sogar diese Zeit stellte sich rückblickend als große Chance heraus und hat mir zugleich neue Erfahrungen beschert. Ich meine ich habe 30 Minuten vom Strand entfernt gewohnt und somit für ein Jahr an eben diesem Urlaubsort gelebt - ziemlich cool, auch wenn mich natürlich all diese Restriktionen anfangs schon ordentlich genervt haben. Das haben sie uns doch alle! Vor allem diese Zeit hat mich noch mehr geprägt und mir vor allem gezeigt wofür man noch viel dankbarer sein kann, wenn alles so schön glatt läuft wie normalerweise. Wenn du so willst hat mich Amerika „versaut" - im Sinne von „es ist als komplett positives Gesamterlebnis abgespeichert" und „ich möchte mehr als 30 Tage Urlaub im Jahr, in dem ich vielleicht zwei Länder etwas genauer unter die Lupe nehmen kann." Dieser Gedanke ist gewachsen, das weißt du bereits. Exakt aus diesen Gründen, gepaart mit viel reflektierter Zuversicht, wusste ich bereits im Vorfeld ziemlich sicher wie sehr diese Idee die Reise zu machen mich und mein Leben bereichern wird. Dazu kamen noch große Vorfreude, reichlich positives Denken weit weg von naivem „es geht bestimmt alles gut"- Denken und die grobe Planung der Reiseroute hinzu. Mein Ziel dabei: Ich will von Mai 2023 bis September 2024 Sommer haben, das war mir von Anfang an klar.

Es hat sich in allen Stadien der Vorbereitung richtig angefühlt. Genau aus diesen Beweggründen habe ich mich ja schließlich auch für das Abenteuer entschieden. Das WARUM von außen war teilweise komplett monkeyaufwühlend und deswegen habe ich umso mehr auf mein Inneres geachtet - ganz monklike sozusagen. Die Anworten waren eigentlich schon da und so hat teilweise nur ein klitzekleiner Blick auf meinen inneren Fahrplan ausgereicht mich dann auch für die richtige Justierung meiner Segel zu entscheiden.

Kennst du das Gefühl? Du verlässt deine Wohnung. Du hast dabei all die Dinge im Kopf, die du zu erledigen hast während du dich auf den Weg zum Auto machst… eine ganz schöne Menge an was man so alles zu denken hat, puuuuh. Du bist halb in deinen Gedanken versunken, der Weg aus der Wohnung geht sich quasi von alleine und du bist fest entschlossen den Tag mit all seinen Aufgaben anzupacken. So ganz plötzlich kommen dir die Fragen „habe ich eigentlich die Türe abgesperrt? Also so WIRKLICH WIRKLICH zugesperrt?" in den Sinn. Sofort sind die Monkeys da. ALLE. Sie haben deine Gedanken im Würgegriff und du weißt, dass du erst Ruhe haben wirst bis du gecheckt hast, ob du auch SICHER SICHER abgeschlossen hast. Du haderst zunächst kurz mit dir und einige Augenblicke später drehst du dann doch um, um deine Monkeys mit Bananen bzw. hier eher mit deinem klimpernden Schlüssel zu beruhigen. Sie ist tatsächlich zu? Eigentlich ärgerlich Zeit verschwendet zu haben, naja was soll's? Dann war's eben ein wenig Morgensport, denn schließlich hält ja jeder Gang schlank. Die Tür war tatsächlich nur zugezogen? Na umso besser, denn dann hat dein innerer Monk jetzt ultimativen Seelenfrieden, kann tiefenentspannt durchatmen und es ist alles geregelt.

Warum frage ich dich nach dieser Alltagserfahrung? Ich möchte dich in meine Gedankenwelt mitnehmen, denn exakt so ein Gedanke treibt sich gerade auch in meinem Kopf rum. Es hat sich dieses „Stop, irgendetwas übersehe ich gerade"- Gefühl eingenistet. Es ist da, weniger als diese wilden Monkeys und mehr in Form von einem klaren Monk-Gefühl. Sehr klar. Es ist der 26. Dezember und das Buch ist seit genau einer Woche fertig. EIGENTLICH. Ich hatte mir vorgenommen vier Teile in den Hauptteil zu packen und damit sei das Buch fertig, dachte ich. Je mehr ich drüber nachdenke werden meine Überlegungen noch klarer, natürlich während hier im Norden von Nepal alle anderen Menschen friedlich vor sich hin schlummern. Es bellen lediglich einige Straßenhunde. Ansonsten herrscht vollkommene Stille und nur der Wind ist zu vernehmen. Wie auch sonst um 3:48 Uhr morgens? Für mich fühlt es sich gerade sowas von gut an den Stift in der Hand zu halten und diese Zeilen hier zu schreiben. An dieser Stelle sollte der Abschluss und das Nachwort dieses Buches kommen, nur schreibt das Leben manchmal eben andere Geschichten. Ich schreibe meine eigene Geschichte. Im Grunde entsteht aus dieser kleinen Anekdote gerade die Erweiterung für das Buch, das du gerade in deinen Händen hältst. Quasi die Ergänzung vom Buch zum Buch im Buch ;) Es fühlt sich einfach verdammt richtig an genau das zu tun und es bringt ein breites Lächeln in mir hervor. Was ist das Positive daran? Die Lesereise geht weiter - es könnte sogar sein, dass sie zur Gewohnheit wird. Es bleibt also spannend.

To be continued…

KAPITEL FÜNF

GEWOHNHEITEN

„Life is what happens to you while you're busy making other plans."

\- John Lennon

Von zwei Menschen in Kapitel vier, die im wahrsten Sinne des Wortes einen ziemlichen Lauf in ihren Leben haben, kommen wir zu einer absoluten Legende. Du hast sein Zitat auf der Vorderseite dieses Abschnittes gesehen und den Namen bzw. die Songs von ihm bestimmt schon des Öfteren in deinem Leben gehört #heyjude. Was uns alles „passiert", was wir alles erleben, was wir alles entscheiden - all das wird zum Inhalt unserer Zeit hier auf diesem wunderschönen Planeten. Manche Dinge wählen wir dabei regelmäßig, bewusst oder intuitiv. Diese aneinandergereihten Entscheidungen bilden unsere Gewohnheiten und einmal etabliert, bleiben sie vielleicht (d)ein Leben lang. Wie gehen wir also damit um - let it be?!

Du hast viele Pläne, hattest diese in deiner Vergangenheit und hast sie hoffentlich auch für deine Zukunft. Dann gibt es da andere Pläne - sie sind auf einmal da und bis wir uns versehen haben sie einen festen Bestandteil unseres Tagesablaufes eingenommen. Denk doch mal an dein liebes tägliches Begleiterlein, das z.B. den angebissenen Apfel auf der Rückseite trägt. Welcher Gedanke kommt dabei ganz spontan in dir auf? „Gewohnheit" oder ein damit gekoppelter Geistesblitz wird mit von der Partie sein, stimmt's? Legen wir das Smartphone mal gedanklich zur Seite, ist ja schließlich Nebensache. Beziehungsweise sollte es eigentlich sein. Wir wissen wie verrückt das Leben manchmal sein kann, wenn es eben anders läuft als wir es erwartet haben. Anders als wir es gerne hätten. Anders als geplant. Wieso genau geben wir die Kontrolle über unsere Gewohnheiten EIGENTLICH oft leichtfertig ab? Wie kann sich da etwas einschleichen was wir EIGENTLICH anders machen wollen? Ich kenne es. Du kennst es. Wir alle kennen es. Deswegen frage ich dich jetzt einfach mal direkt nach deinem Umgang mit den lieben Gewohnheiten. Ich mache es dir auch leicht, wir wollen ja schließlich auch im zweiten Hauptteil beim „leicht zu lesen"-Buch bleiben ;)

——————————————————————————————>

Monkeys *Monk*

Wie ist dein Monk(ey)-Stand?

- *Lebst du einfach so vor dich hin?*
- *Spiegeln Gewohnheiten deine reflektierten Entschlüsse wider?*

Es ist dein Monk(ey)-Barometer und es sind deine Gewohnheiten. Sie werden ja schließlich ihre jeweilige Berechtigung haben. Wir sind hier ganz weit weg von richtig und falsch, ungefähr so weit wie Deutschland von Namibia. Dieses atemberaubende Land werde ich später dazu nutzen, um dir zu zeigen wie mein Monk bzw. meine Monkeys auf der Reise im Vergleich zu meinem alltäglichen Leben so aussieht/aussehen - so ein Reisebericht ist ja mittlerweile fast schon Gewohnheit. Kurzer Fakt: Meinen aktuell täglich widerkehrenden Entschluss (= Gewohnheit) hältst du gerade in den Händen. Ziemlich cooler Gedanke während ich hier gerade an diesem gigantischen menschenleeren Strand auf der Insel Siquijor (Philippinen) sitze - natürlich bewaffnet mit Block, Stift und meiner Capucchino-Gewohnheit. Soll ja authentisch bleiben.

„Start with why."
- Simon Sinek

Dieses Zitat ist der Titel eines Buches, das auf meiner kilometerlangen „habe ich noch vor zu lesen"- Liste auf Amazon zu finden ist. Wie der Zufall so will habe ich ohnehin vor diesen ehemaligen Bücherladen, der nach diesem südamerikanischen Fluss benannt ist und auf den Namen Amazon hört, in dieses Kapitel mit aufzunehmen. Dazu später mehr, deutlich mehr um's genau zu nehmen. Zurück zu unserem WARUM, denn das sollte immer im Vordergrund stehen. Dabei gibt es bekanntlich zwei Seiten. Du erinnerst dich an das WARUM meiner Weltreise? Mit diesem WARUM, das tief von innen kommt, meine ich einen reflektierten Wunsch. Es kann natürlich auch ein zu erfüllender Traum oder ein angestrebtes Ziel sein. Im Grunde ein tiefgründiges Anliegen, das du wirklich willst. Also wirklich wirklich! Ich spreche von Leidenschaft. Von einem authentischen „ich brenne dafür und werde so lange dafür kämpfen bis ich ein ganzes Leidenschaftsinferno entfache." Diesen Faktor brauchen wir, wenn wir etwas wirklich wollen. Wie heißt es so schön? Der Funke hat überzuspringen. Wir wissen es, wir fühlen es gewissermaßen und genau dieses innere WARUM lässt uns unsere Entscheidungen treffen. Was daraus wird, wenn wir eine Entscheidung konstant verfolgen und in unserem Leben etablieren? Eine Gewohnheit. Genauer gesagt eine Gewohnheit, die hoffentlich mit unserem WHY übereinstimmt. Wenn wir dann noch dauerhaften Fokus, konstante Zielstrebigkeit, viel Schweiß und noch mehr Herzblut als Brennholz verwenden, dann haben wir eine

Endlevel-Gewohnheit etabliert. Das ist der Weg, zumindest für mich. Wie sieht dein persönlicher Holzstoß aus? Suchst du noch das Feuerzeug oder brennt er schon? ;)

„Work hard. Have fun. Write history."
- Jeff Bezos

Aus dieser einzigartigen Kombination entsteht im praktischen Sinne ein Feuer, etwas was dir extrem wichtig ist bzw. für das du im wahrsten Sinne des Wortes brennst. Wie schon mehrfach erwähnt, die einzige wirkliche Motivation kommt von innen. Vielleicht kommt dein Antrieb aus einer anderen Windrichtung - das gilt es zu hinterfragen. Versteh mich bitte richtig, wir sind doch alle aus unterschiedlichen Hölzern geschnitzt und daher ist es auch vollkommen in Ordnung andere Motivatoren zu haben. Wichtig ist, dass du mit deinen damit verbundenen Gewohnheiten glücklich bist, denn jeder von uns kümmert sich primär um „das Holz vor seiner eigenen Hütte" und so wird jeder Mensch zunächst auf sich selbst schauen. Solange dein Funke auf die für dich richtige bzw. wichtige Gewohnheit überspringt, ist die Welt vollkommen im Lot. Diesen Funken brauchen wir, um unsere leidenschaftlichen Gewohnheiten zu entfachen. Dieses Mal frage ich ein wenig offener und hoffe dich ein wenig auf Betriebstemperatur zu bringen...

Was begeistert dich?
Was inspiriert dich?

Oder anders gefragt...

Wofür brennst du?

Ich habe das Gefühl wir verlernen immer mehr den Fokus auf unsere eigenen internen Brennstoff zu richten. Stattdessen schauen wir auf die Holzstapel unserer Nachbarn (Kapitel eins), reden mit Anderen über deren einzigartige Funken (Kapitel zwei), wollen es irgendwie genau in der gleichen Form brennen sehen (Kapitel drei) und kopieren den ganzen abgebrannten Wald unseres Umfelds (Kapitel vier) ohne darüber nachzudenken was wir uns damit eigentlich antun. Und ehe wir es merken erlischt unser eigener innerer Funke. Ganz schön traurig oder? Ich hoffe du denkst dir jetzt „der hat doch nen Knall, ich zünde gleich sein Buch an" - das würde dann nämlich genau für Leidenschaft sprechen. Oder natürlich für eine heftige Impulskontrollstörung, die Entscheidung überlasse ich dir ;)

Nun zurück zum eigentlichen Thema. Ich denke du bist in der Lage meine Worte richtig zu ordnen. Ein Haus mit Garten zu besitzen, zwei wundervolle Kinder zu haben, in den Urlaub zu fahren, usw... All das seine Gewohnheit nennen zu können und diese Rahmenbedingungen zugleich wertzuschätzen, das spricht für die vermutlich allerschönste aneinandergereihte Entscheidung von allen. Nur sollten wir uns eben einfach öfter eine Sache fragen. WARUM?

„Die Menschen gehen lieber zugrunde, als
dass sie ihre Gewohnheiten ändern."
- Leo Tolstoi

WAS ES ALLES GIBT...

Ich habe ja bereits angekündigt wir kommen *später* zu diesem Bücherladen, der auf den Namen Amazon hört. Also genau dieser Bücherladen, der mittlerweile etwas mehr geworden ist. *Jetzt ist später.* Und wie das Imperium um Amazon angefangen hat, na jetzt rate mal. Ein kleiner Tipp: Wir könnten gerade erst darüber gesprochen haben.

Warum die ganze Reaktion einen ähnlichen Lauf nahm wie das Anstupsen eines Spielsteins beim Domino-Day? Das schauen wir uns jetzt mal ein wenig genauer an. Dazu springen wir ins Jahr 1964, denn zu diesem Zeitpunkt wird in Chicago ein gewisser Jeffrey Preston Jorgensen geboren. Dämmert da was bei dir? Nein? Lass mich nachhelfen, denn du kennst diesen charismatischen Glatzkopf vermutlich eher unter dem Namen Jeff Bezos. Bei seiner Geburt sind seine Eltern noch sehr jung (Mutter 17, Vater 19) und die Ehe sowie das Familienglück wird schnell von vielen Herausforderungen auf die Probe gestellt. Vor allem die Finanzen sind hier ein Dauerthema, denn es zwickt an allen Ecken und Enden. Diese Diskrepanzen führen schließlich zur Scheidung seiner Eltern und dabei ist Jeffrey gerade mal eineinhalb Jahre alt. Kurze Zeit später verliebt sich seine Erzeugerin erneut und heiratet daraufhin ihren neuen

Weggefährten. Sein „Stiefvater" adoptiert ihn und von diesem Tag an heißt er dann offiziell Bezos mit Nachnamen. Die kleine Familie zieht nach Texas, wo er auch die meiste Zeit seiner Kindheit und Jugend verbringt. Ein Abschluss der High School mit 18, eine Nebentätigkeit bei McDonalds, vermehrtes Interesse an Physik/Elektrowissenschaften und Computertechnik stehen in seinem Lebenslauf - alles soweit normal sozusagen. Die Frage dabei ist wohl was man unter „normal" definiert (ziemlich subjektiv das Ganze) und hier wird es interessant, denn Jeffrey ist nämlich von einer fesselnden Vision fasziniert. Er träumt davon das Weltall zu besiedeln und diesen Gedanken behalten wir uns einmal im Hinterkopf.

Mit 22 schließt er sein Studium ab, darf sich „Bachelor of Engineering" nennen und ist auf dem Arbeitsmarkt heiß begehrt. Er entscheidet sich für ein aufstrebendes Start-Up in der Telekommunkationsbranche und erreicht Karrieresprünge am Fließband. Eines Tages beschließt er in das Bankenwesen einzusteigen, quasi den „Jeff of Wall Street" zu spielen und auch dort sammelt er fleißig Beförderungen. Natürlich gepaart mit reichlich Erfahrungen jeglicher Art. Dabei lernt er seine zukünftige Frau MacKenzie Scott kennen. Irgendwie kann man auch direkt von einer tiefergehenden Beziehung sprechen, denn die beiden Turteltauben starten zusammen ein Projekt. Ein immer größer werdendes Projekt, wenn man so will. Der Funke bzw. Auslöser ist ein Zeitungsartikel, den Jeff liest und dabei den Entschluss fasst etwas Neues zu starten. Um was es in diesem Bericht ging? Um das überaus rasante Nutzungswachstums des Internets, zu dieser Zeit ein Wachstum von 2300%. Ganz schön beeindruckend und ausreichend, um die Frage nach seinem WARUM für sich zu beantworten und somit sein inneres Feuer zu entfachen. Dabei noch seinen aktuellen Job zu kündigen, sich auf komplett fremdes Terrain zu wagen und einen Online-Buchladen ins Leben zu rufen scheint beim Studieren seiner Vita fast schon Nebensache zu sein. Wieso seine Wahl auf Bücher fiel? Weil die Auswahl an Lesematerial enorm ist und sich sich Bücher sehr gut für den Online-Vertrieb eignen, so zumindest seine Überlegungen - hier ist Bezos gerade 30. In einer angemieteten Garage in Seattle wird der Gedanke des „Bücherladens" am 05. Juli 1994 konkreter und sein Projekt hört von nun an auf den Namen *Cadabra*. Der Businessplan dafür entsteht auf einem „wir ziehen um und haben unser ganzes Hab und Gut mit dabei"- Roadtrip von New York an die Westküste.

Das Ziel? Seattle. Jeff fungiert im Doppelgespann mit seiner Partnerin als kreatives Zugpferd während sich seine Partnerin MacKenzie um Administration, Buchhaltung & Co kümmert.

Es scheint so als sei der Funke auch bei ihr übergesprungen. Kleiner kurioser fun fact am Rande: Um Steuern zu sparen meldet Jeffrey den Firmensitz von *Cadabra* an einem anderen Ort an und wählt ein indisches Naturreservat in der Nähe von San Francisco. Ein schlaues Kerlchen also und so findet er auch schnell seine ersten Investoren. Wer das ist? Seine Eltern, denn sie steigen mit ca 250.000 Euro (die Quellen sind sich da eher so semi einig) in das Projekt mit dem Fokus auf der Revolution dieses Internets mit ein. Ob sich dieses „Neuland Internet" durchsetzt? 2024 ist die Antwort so klar wie nochmal was, nur zur damaligen Zeit hat sogar Jeff Bezos seine Zweifel und warnt seine Familie und weitere Investoren es gäbe eine 70%ige Wahrscheinlichkeit, dass sie ihr eingesetztes Geld verlieren würden - diese Prognosen teilt er mit den Cadabra-Investoren. Er vertraut seinem Bauchgefühl und geht mit seinem virutellen Bücherladen *Cadabra* im Juli 1995 online. Was folgt? Ein beeindruckender Auftakt, denn nach nur zwei Monaten verkauft er mit *Cadabra* bereits Bücher in alle Staaten von Amerika - man bedenke die Jahreszahl dabei. Der Name der einstigen Idee verändert sich zu *Amazon* und dabei wird es verrückt: Da Jeff sich an den Gedanken gewöhnt gerne den größten Online-Buchladen weltweit zu besitzen kommt ihm dieser mächtige südafrikanische Fluss in den Sinn. Er schlägt damit gleich zwei Fliegen mit einer Klappe, denn erstens ist der Name *AMAZONas* sehr eingängig und zweitens wird er bei den Suchmaschinen leichter gefunden. Zur damaligen Zeit erscheinen nämlich die Suchergebnisse auf solchen Plattformen nach alphabetischer Reihenfolge und das *A* kommt ja bekanntlich vor dem *C* - wieder ein gewohnt cleverer sowie irgendwie total logischer Schachzug von ihm.

In diesem Stadium träumt er bereits von einer Erweiterung seiner reinen Buchverkaufsdomain, er würde gerne zum *„everything store"* expandieren. Ich meine er ist gerade dabei die größte Auswahl an Büchern unter einer Domain zu versammeln und überlegt wie er seine Überlegungen in die Tat umsetzen könnte. Er wählt einen Ansatz aus primärem Nutzen für den Kunden inklusive neuen Vertriebsansätzen und dem eigenen Willen das ein oder andere Risiko einzugehen. Nachdem ich seine Biografie gelesen habe bin ich mir beim letzten Punkt sehr sicher, denn er hat Amazon mit einem teilweise radikalen, risikoreichen sowie visionären Ansatz geführt. Was sich daraus ergibt erleben wir seit Jahrzehnten und ich bin mir dabei mehr als sicher, dass auch du Kunde von Amazon bist - dazu später mehr. Wachstum Wachstum Wachstum gilt es seitdem zu beobachten, an allen Ecken und Enden!! So erfolgt zunächst die Ergänzung von Musik & Videos bevor es zur stetigen Erweiterung und Verbreiterung der Produktpalette kommt. Es kommen im Grunde so ziemlich alle Konsumgüter hinzu, die wir uns gerade so vorstellen können. Gartenstühle? Amazon. Fahrrad für die jüngste Tochter? Amazon. Ein „ich kann Musik abspielen"- Gerät? Amazon. Dekovase im extravaganten Stil? Amazon. Genau so könnte ich dieses kleine Spielchen jetzt bis zum Ende des Buches fortführen.

2002 wird AWS (Amazon Web Services) ins Leben gerufen und genau deshalb bin ich komplettest davon überzeugt, dass du die Dienste von Amazon nutzt. Kleines Beispiel gefällig? Buchst du deine Unterkünfte ab und zu über AirBnB, wenn du in anderen Städten unterwegs bist? Wenn du krank bist, greifst du dann auch mal zu einem Arzneimittel der Firma Bayer? Steht in deiner Wohnung vielleicht ein Gerät der Firma Philips? Ganz egal ob Zahnbürste, Fernseher oder was auch immer? Auch hier könnte ich jetzt im Grunde endlos darauf los schreiben, nur ich denke du verstehst meine Intention dahinter - wenn du eine dieser Marken für dich nutzt, dann bist du indirekt Kunde von Amazon, denn all diese Firmen greifen auf die Dienste der Amazon-Web-Services zu. Quasi komplett egal, ob du tatsächlich Onlineshopping auf der Plattform betreibst. Die Ironie dahinter ist, dass Zalando sogar AWS verwendet - Karl Lagerfeld würde hier ganz kräftig den „dislike"-Button auspacken. Parallel zu all diesen Onlineerweiterungen steht Amazon zu der Zeit erstmals kurz vor der Pleite, dabei werden Auslieferunszentren geschlossen und rund 14% der Mitarbeiter entlassen. Dunkle Wolken sozusagen, mit schwerem Ruß, die über Seattle bzw. dem Hauptsitz von Amazon aufziehen. Im Folgejahr lichtet sich der Rauch wieder und mit 400 Millionen USD Umsatz verzieht sich dann auch der letzte graue Sonnenverdecker.

Im Jahr 2007 bekommt dann das Buch an sich ein runderneuertes Design und wird plötzlich ein wenig technischer: Der Kindle wird vorgestellt und revolutioniert im Grunde das Leseerlebnis. Es „passieren" auch in den folgenden Jahren einige revolutionäre Ideen und so könnten wir jetzt die Geschichte von Amazon bis ins Jahr 2024 bis ins letzte Detail durchleuchten. Mache ich das? Nein. Bist du deswegen erleichtert? Vermutlich. Mein Ziel ist es lediglich dir aufzuzeigen was für ein überdimensionales Inferno das WARUM des Jeff Bezos entfacht hat - Beweggrund hin oder her. Sein Werk, das sich nur durch seinen Antrieb und durch sein konstantes Zutun entwickeln konnte, ist ein selbstverständlicher Teil unseres täglichen Lebens geworden und wir alle profitieren vom größten Onlinehandel in unserer westlichen Welt. Außer du arbeitest im Fachgeschäft vor Ort - dann tut mir die Entwicklung tatsächlich Leid für dich, denn 2018 setzt Amazon zwei Milliarden USD um, im 1. Quartal!! Das spricht Bände und jetzt wird es ein interessanter Spagat vom Rückgang des Einzelhandels zum eigentlichen Thema zurück zu kehren. Hier setze ich einfach eine Waffe ein, die man als Autor einfach mal so abfeuern kann - ein neuer Absatz.

Jeff Bezos hat sich von seinem „Lebensprojekt Amazon" seit 2016 nach und nach zurückgezogen. Ob er jetzt am Lagerfeuer sitzt und Däumchen dreht? Wohl kaum bzw. weit davon entfernt, denn seit 2018 gibt es immer wieder Schlagzeilen um „Blue Origin/Moon." Was das ist? An dieser Stelle könntest du eventuell Google brauchen. Ich verrate nur so viel, es ist eine ziemliche Anlehnung an die Gedankenwelt seiner Kindheit. Du erinnerst dich an seine Faszination von bzw. für Rauschiffe und die Besiedlung des lieben weiten Weltalls? Genau diese Überlegungen liegen dem neuen Projekt, so nenne ich jetzt einfach mal, zu Grunde. Wohin ihn das führt? Jeff Bezos wird einen klaren Plan haben und ihn mit all seiner Gewohnheit Erfolg zu haben verfolgen, da bin ich mir sicher. Der neu errichtete Firmensitz von Amazon in Washington erinnert auf jeden Fall optisch bereits stark an seine Vision und auch hier könnte die gute alte Suchmaschine wieder dein Freund und Helfer sein ;)

„Your habits will determine your future."
- Jack Canfield

Was ziehen wir uns jetzt aus dem Werdegang von Jeff Bezos heraus? Wir brauchen einen AUSLÖSER, nenne ihn Funke oder wie auch immer du willst. Dann haben wir zu HANDELN. Darauf kommt es an. Es nur zu wissen bzw. es lediglich zu wollen bringt uns wenig, das *MACHEN* ist das was deine Flamme zum Brennen bringt. Damit BELOHNEN wir uns selbst, denn es gibt uns ein gutes Gefühl von innen heraus. Genau dann entsteht ein Kreislauf in uns, denn es motiviert uns weiterzumachen bzw. GEWOHNHEITEN zu entwickeln. Du kannst von Jeff Bezos halten was du willst, nur hat er g anz objektiv betrachtet mehrere Dinge mit seinem Dauerprojekt erreicht: Zunächst hat er seinen inneren Antrieb gefunden und ist dieser Leidenschaft gefolgt. Daraufhin hat er all seine Aktionen bzw. Gewohnheiten seinem Ziel gewidmet. Er ist somit nebenher zum (vorrübergehend) reichsten Mann der Welt avanciert - hier quasi ganz nach dem Motto „reiche Gewohnheiten, reiche Brieftasche." Versteh mich bitte richtig: Geld ist eine Motivation von außen und kann lediglich als ergänzende Motivation betrachtet werden. Du kannst auch gerne anders für dich entscheiden, die Brenndauer deiner inneren Flamme wird dir deinen (Miss)Erfolg schon bald aufzeigen.

GOOD HABITS. OTHER GOOD HABITS.

Wie meine Gewohnheiten aussehen? Aktuell ganz und gar anders als es zu Hause in Deutschland der Fall ist. Komplett anders, um's genau zu beantworten. Ich nehme dich nun mit auf die versprochene Reise nach Afrika, genauer gesagt nach Nambia - wir machen quasi eine Expedition zusammen. Bist du am Start? Es wird ruckelig und eine Sache vorneweg, es war der bis dato abenteuerlichste *road trip* meines Lebens. Hier noch ein paar Fakten, dass du dir auch ein wenig vorstellen kannst was die Rahmenbedingungen sind… 3 Länder. 10 Tage. 5000 Kilometer. Zelt auf dem Dach des Autos. Zu dritt auf engstem Raum unterwegs. All das mit einem vollausgestattetem Allrad-Geländepanzer, der mehr säuft als David Hasselhoff zu seinen besten Zeiten. Du siehst, wir sind hier weit entfernt von meiner gewohnten Umgebung. Um in der Sprache der Autos zu bleiben, es ist nochmal einen Gang höher geschaltet im Vergleich zum „normalen" Reisen. Anders gefragt, was ist schon normal? Vor allem während einem neunmonatigen Abenteuer wie der Weltreise. Da werde ich nur noch enorm selten von „gewohnt normalen" Umständen überrascht. Beispiele gefällig? Du wartest vermutlich schon drauf.

Wo ich normal schlafe? Also ich rede vom deutschen Alltag, denn da reden wir von einem ultragemütlichen 1,80 Meter breiten Boxspringbett mit absolutem Luxuskomfort #ichliebemeinbett. Auf dem Trip durch das westliche Afrika wird das Ganze jetzt durch zwei Klappzelte ersetzt, die sich auf dem Dach unseres Autos befinden und natürlich ein wenig aufbauintensiver sind als gewöhnlich. Luxus? Weit entfernt, ähnlich wie von meiner eigentlichen Gewohnheit tief, fest und friedlich zu schlummern. Oder hast du schon mal mitten in der Nacht deinen holländischen Mitreisenden Joost im Nachbarzelt laut fluchen gehört während er wild um sich schlägt? Nein? Für mich war Joost's Moskitojagd in der ersten Nacht ebenfalls Neuland und nach ein wenig Irritation habe ich das Ganze auch ziemlich lustig gefunden. Bis zu diesem gewissen Zeitpunkt. Da haben sich diese Tierchen auch den Weg ins Zelt von Tristan und mir gebahnt und uns mal so richtig die Ohren vollgesurrt. Ab diesem Zeitpunkt ist der Lachanfall vorbei und im Grunde auch die Nacht, eher so semi cool! Das „es ist viel zu stickig im Zelt" und „die Tiere nerven hart" erspare ich dir jetzt in aller Ausführlichkeit... Der Ausblick am Morgen macht das gleich wieder vergessen, auch wenn die Erholung natürlich ordentlich zu kurz kam. Ich meine was erwartet man auch groß von einer Nacht im Dachzelt? Wellnessoase? Wohl kaum. Also aufstehen, runterklettern, Zähne putzen und Katzenwäsche. Das geht auch mitten in der namibianischen Pampa, fast so gut wie im heimischen Badezimmer. Anders sieht es dann bei meiner Kaffeegewohnheit aus. Was die Küchenzeile zu Hause im schönen Regensburg beheimatet und man dort auf Knopfdruck bekommt? Richtig, eine Kaffeemaschine mit heißem und leckerem Kaffee natürlich und der soll ja in der Früh bekanntlich sogar Tote aufwecken. Unterwegs in Afrika geht das eher so: Kofferraum aufsperren, Gasflasche auspacken/anschließen, die Vorrichtung mit Kaffepulver und Wasser aus dem Kanister befüllen, Flamme entzünden und dann vor allem auf günstige Windrichtung hoffen. Sonst brauchst du halt noch ein Streichholz oder gleich mehrere, neben enormer Geduld versteht sich. Eigentlich habe ich im Nachgang betrachtet glatt einen Orden verdient mir, Tristan und Joost sogar in der Pampa so etwas Gutes am Morgen zu zaubern. Was ist natürlich das Schönste daran? Naja, nach dem Kaffeetrinken gehört natürlich erst wieder alles in „Rolle-rückwärts"-Methode weggeräumt und zugleich natürlich das Frühstück zubereitet #mitzerogewohnheit.

Was während des Tages ansteht? Sagenhaft abwechslungsreiche Landschaften, viel viel Abenteuer und vor allem die gefürchteten Straßen des absoluten Grauens. Auch hier verschiebt sich meine persönliche

Komfortzone sehr schnell und wir ackern die Straße im Grunde mehr um als dass wir sie tatsächlich befahren. Ab und zu brettern wir auch ganz einfach den Strand entlang und haben dabei stattliche 60 km/h auf dem Tachometer. Ich kann dir sagen das bockt sich schon arg, vor allem wenn wenn dort gestrandete Walskelette und alte Schiffwracks das Landschaftsbild noch besonderer machen. Echt beeindruckend und natürlich wieder ganz weit weg von dem was ich sonst so den lieben Tag tue, abseits und auf der guten bewährten deutschen Straße. Den ganzen Tag im Rallye-Dakar-Style unterwegs statt mit dem Fahrrad in die KiTa zu fahren und dort die Kids zu bespaßen. Fremde Musik im Auto (da verdreht mein innerer Monk schon öfter mal die Augen) zu hören und irgendwie doch die Schnittmenge an musikalischen Vorlieben zu finden statt einfach den eigenen „Musikstiefel" abzuspielen. Das alles sind kleinere oder auch größere Beispiele dafür wie viel Kompromissbereitschaft und Anpassungsfähigkeit ich dann doch auf so einem Trip benötige - zum Glück besitze ich die Eigenschaften auch in Deutschland, ganz der ursprünglichen Gewohnheit also :-) Zu Hause liebe ich es zu kochen, also in meiner eigenen Küche. Du weißt scho, da wo man eben weiß wo alle Zutaten, Gewürze und vor allem die einzelnen zahlreichen Kochutensilien sind. Da wo jeder Handgriff sitzt, bis zur Perfektion bzw. bis zum fertigen leckeren Gericht. Wie sieht es da in der staubigen Namibwüste aus? Anders, so absolut anders. Den Anfang kannst du dir denken und zumindest nach ein paar Tagen habe ich den Dreh ein wenig raus, sei es bei der Gasflasche oder bei der Zubereitung der einzelnen Mahlzeiten. Zum Glück sind ja fleißige Helfer mit von der Partie und unser „Bulldozerauto" ist wirklich top ausgestattet - nur halt alles in großen schwarzen Plastikbehältern verstaut. Das hat auch einen Grund, denn der Großteil der Lebensmittel und die Kochutensilien sind ordentlich mit Wüstenstaub bedeckt was zur Folge hat die Dinge erst einmal abzuwaschen bevor wir mit dem Kochen loslegen können. Öfter mal was Neues! Quasi auch genau das was man braucht, wenn der „ich habe Hunger und eigentlich überschaubar viel Bock nach dem heftig langen Tag zu kochen"- Modus einsetzt. Natürlich bei allen Roadtrippern gleichzeitig und da kann die Stimmung trotz über 30 Grad schon mal schnell am Gefrierpunkt ankommen. Die gute Nachricht: Wir haben's überlebt, alle!

Du siehst also, im Outback läuft einiges anders. Auf Reisen und im speziellen Fall dieses Roadtrips ist es tatsächlich richtig schwer irgendwelche Gewohnheiten zu etablieren. Während des Tages wirst du mit all diesen immens vielseitigen und teilweise surrealen Eindrücken zugekleistert und natürlich ist das ein selbst gewähltes (positives) Schicksal. Du bist am Abend einfach k.o. vom „im Auto sitzen und staunen." Wie an späterer Stelle noch ausführlicher beschrieben bin ich sehr glücklich über genau diese Tage, nur braucht mein Kopf nach solchen Tagen bzw. Wochen erst einmal ein wenig Urlaub. Das klingt vermutlich ein wenig seltsam, nur wirst du ja den guten alten Freizeitstress kennen. Den gibt's natürlich auch in der Reisevariante und der nennt sich dann Freizeitstress deluxe. Daher tut es mir immer gut Zeit für mich zu haben, das Erlebte in Ruhe zu reflektieren und genau das zu tun was mir eben dabei gut tut… lesen, aktuell schreiben, entspannt in der Sonne liegen und dabei einfach die Seele baumeln zu lassen bzw. meine internen Akkus wieder aufzufüllen. Ganz weit entfernt von Hektik eben, am liebsten natürlich mit einem leckeren Kaffee in der Hand. Zu Hause ist das einfach, in Namibia etwas schwieriger, denn selbst beim klassischen Nichtstun sammele ich ständig neue Eindrücke. Tag für Tag ein neuer Campingplatz oder natürlich ein „Stellplatz" unter freiem bombastischen Sternenhimmel - was möchte ich da selbstverständlicherweise tun? Die Umgebung genießen. Was brauche ich dafür? Kapazitäten, geistig und emotional. In den Momenten, in denen ich die Landschaften um sich herum aufsauge, ist das wunderschön und es fühlt sich speziell an. Die Sache ist nur die, dass mich genau das auf Dauer „reizmüde" macht und ich schlichtweg immer weniger fähig bin all diese extremen Eindrücke aufzunehmen. Sozusagen Freizeitstress super deluxe oder Version 3.0 eben. Klingt verrückt, nur ist für mich während der Reise eine Gewohnheit wichtiger geworden denn je: *ENTSCHLEUNIGEN*! Fuß vom Gaspedal sozusagen, einen Gang runterschalten und Zeit zum Durchatmen schaffen. Mir hilft dabei schon zu wissen nach dem 10-tägigen „Allroundabenteuer" ein wenig Entspannung auf Körper und Seele zu erwarten. Ganz ähnlich wie es bei mir zu Hause eben einplane und so merkst du spätestens jetzt wie manche Gewohnheiten irgendwie doch noch aktuell sind während andere wiederholende Entschlüsse gleichzeitig so ganz anders um die namibianisch ländliche Ecke kommen.

Kurz gesagt, ich stimme John Lennon zu. Das Leben hat ab und zu wirklich andere Pläne für uns parat, die Frage ist dabei wie wir damit umgehen (wollen)?! Ich packe dir an dieser Stelle gleich zwei Monk(ey)-Barometer rein. Fühl dich frei in dich hineinzuhorchen wie unterschiedlich deine Gewohnheiten auf deinen Reisen und natürlich in deinem Alltag an sich sind - soll ja einen ziemlichen Unterschied geben, also habe ich so im Gefühl ;)

Wie ist dein Monk(ey)-Stand?

-->

Reisem*onkeys* Reisem*onk*

-->

Alltagsm*onkeys* Alltagsm*onk*

Ich erzähle dir jetzt noch ein bisschen mehr über meinen Gewohnheitsmonk bzw. meine dort tobenden Monkeys. Ja, auch die gibt's natürlich. Das Buch zu schreiben war ein spontaner intuitiver Gedanke, den mir zunächst ein kleiner Monkey in den Kopf gesetzt hat. Das weißt du bereits. Es ging ziemlich schnell bis mein innerer Monk die ganze Sache übernommen hat. Ich habe gemerkt wie gut es mir tut meine Gedanken (Mix aus vielen vielen einzelnen Monkeys) auf's Papier zu bringen und ein wenig Ordnung dort hinein zu bringen. Es hat zunächst etwas länger gedauert und die zunehmende Struktur hat dann zu sehr viel Ruhe beigetragen, für mich und vor allem für meine Gedankenwelt - allen voran natürlich für meinen Monk. Es wurde in diesem Fall schnell zu meiner neuen Gewohnheit und zugleich habe ich gemerkt was dieser „jetzt ist das Buch tatsächlich fertig"- Gedanke in mir ausgelöst hat. Ich war irgendwie stolz, mein oberster reflektierter Kommandeur aka Monk saß in der Ecke und hat vor sich hingegrinst, tief zufrieden. Das Buch in 20 Tagen zu schreiben, das war eine neue sehr bereichernde Erfahrung für mich. Ich habe es mehr genossen zu schreiben als mich tatsächlich über das Endprodukt zu freuen. Meine inneren Monkeys kamen des Öfteren auf mich zu und sie fragten mich dann so Dinge wie „na Marcus, was jetzt?" Mit ziemlich hämischem Unterton versteht sich. Ich hatte viele spontane Antworten darauf, also was tun? Zettel und Stift geschnappt, wieder Ordnung in das ganze gedankliche Chaos gebracht und dabei eine Sache ganz intensiv gespürt. Es mag jetzt vielleicht inhaltlich mit der Überleitung von TEIL EINS zu TEIL ZWEI des Buches kollidieren, nur ist mir das gerade ziemlich egal. Mein innerer Monk hat mir nach einer ausführlichen Zeit des „ich horche in mich hinein" einfach deutlich zu verstehen gegeben, dass es bereits zu diesem Zeitpunkt noch so viel Inhalt für ein ganzes weiteres Buch gäbe. Konjunktiv. Daher der logische Entschluss meine Schreibgewohnheit weiter zu führen, es in vollem Maße zu genießen und einfach mal schauen was dabei raus kommt. So gehe ich es aktuell beim Schreiben an und genau in der Form höre ich auch zu Hause auf mein Bauchgefühl. Anscheinend weiß mein Monk immer schon vor mir was mir gut tut. Dabei bin ich mir vor allem bewusst auf einem „guten" Weg zu sein - ich werde ihn weitergehen. Siegessicher, immer weiter und natürlich mit all meinen Gewohnheiten im Gepäck.

WER HAT WEN IM GRIFF?

Wie ich mein Smartphone nutze? Immer weniger, immer bewusster. Wie viel Schlaf ich meinem Körper gönne? Immer mehr. Wie lange ich Zeit in der Natur und mit den wichtigsten Menschen verbringe? So viel wie mir eben gut tut. Wie oft ich mich sportlich betätige? Aktuell eher monkeymäßig im Stile von „ich habe vor es zu Hause wieder in meine Gewohnheiten am Morgen einzubauen." Gerade nutze ich meine Kapazitäten anderweitig und ich bin glücklich damit. Vor mir steht im Moment der Rest einer meiner weiteren Gewohnheiten - eine leere Tasse. Was da so drin war? Du erahnst es mittlerweile, so gut kennst du mich ja bereits. Ziemlich geschickt vom Universum mir genau jetzt ein solches Gefäß vorzusetzen, denn ich werde nun genau diese Tasse nutzen. Somit möchte ich eine ziemlich außergewöhnliche Sichtweise mit dir teilen - sie fasziniert mich und ich bin gespannt, ob sie auch dich begeistert. Bereit? Dann stelle dir doch erst einmal eine volle Tasse vor, mit was auch immer sie gefüllt sein mag. Komplett egal quasi, such dir einfach aus was du am liebsten trinkst. Here we go!

Unsere Gewohnheiten fordern uns und vor allem unseren Kopf bis zur Obergrenze. Man könnte sagen diese wiederholten Entscheidungen füllen UNSERE TASSE - so lange bis sie randvoll ist.

Tasse bzw. Kopf voll = keine Kapazitäten frei.
Tasse bzw. Kopf leer = neuer Raum für bewusste Gedanken.

Wenn wir uns also Zeit nehmen, für uns und unsere Gedankenwelt, dann leeren wir langsam unsere oft viel zu vollen überforderten Köpfe. Dabei kannst du dir aussuchen in welcher Form du das tust. Du gehst gerne spazieren? Du liest lieber? Du bevorzugst es zu kochen? Wir haben die freie Wahl darüber und somit schicken wir unsere Monkeys ins Land der reifen Bananen... und schaffen Raum für neue Gedankengewohnheiten.

Gedanke -> Entscheidung -> Handlung (-> Gewohnheit)

Wir können unsere Tasse mit leckerem Kaffee füllen, wir haben auch die Möglichkeit sie mit Spülmittel voll zu machen. Das Ziel: Unsere Tasse mit dem *richtigen Inhalt* füllen. Langsam. Auf uns zugeschnitten. Mit Bedacht. So wie du es eben willst. Mit Ruhe und Geduld. Vertrauen wäre da auch noch von Vorteil. Du siehst, auch hier sind wir nah dran bzw. wir haben sogar eine deutliche Schnittmenge mit Positivität und auch ein wenig Lebensphilosophie.

Also take it easy. Es gibt so viele Quellen oder „Experten", die mutmaßen wie lange man braucht um eine Gewohnheit zu etablieren. Drei Wochen? Finde ich deutlich zu optimistisch. Fünf bis sechs Wochen? Kommt schon eher hin. Probiere es einfach für dich aus und finde den passenden Inhalt für deine Tasse. Denke nur dran sie davor etwas zu entleeren, sonst läuft das ganze Konstrukt über. Das Doofe dabei: Wir wissen ja wie schwierig es ist Kaffeeflecken wieder raus zu bekommen ;) Erfolge werden kommen, es wird vielleicht ein wenig dauern und es wird ganz sicher viele Versuchungen geben wieder in „alte" Verhaltensmustern abzudriften. Horche einfach immer öfter in dich hinein was dir tatsächlich gut tut und achte dabei auf noch so kleine Veränderungen. Genau diese werden dich motivieren weiter zu machen. Habe Vertrauen in den Prozess, einfach so viel Vertrauen wie Johnny Depp in seinen Scheidungsprozess hatte - den Ausgang kennen wir ja alle. Kleiner Scherz am Rande. Vertraue dir selbst und deinem Weg, es ist ja schließlich eine längere Reise.

„Faith is believing BEFORE
what only makes sense AFTER."
- Steven Furtick

Gewohnheiten von jetzt auf gleich abstellen und löschen? Schön wär's. Gewohnheiten verändern und davon profitieren? Das geht. Ich erinnere dich hier an den Fakt womit eine Gewohnheit startet. Diese(n) Gedanken brauchen wir hierbei, denn darüber haben wir ja bekanntlich die volle Kontrolle. Deine Monkeys werden eine Menge Ausreden parat haben, sei also darauf vorbereitet. Deswegen brauchen wir auch hier wieder unser WARUM und die damit verbundene Disziplin. Diese Reflexion wird dir helfen deine wahren Beweggründe herauszufinden. Du hast keine Zeit dafür? Oh doch! Ein Mangel an Zeit ist schließlich nur ein Mangel an Prioritäten. Das zu verinnerlichen hilft dir die Anzahl deiner „ich wünschte es wäre so einfach"- Monkeys deutlich zu minimieren.

Zeit meistern = Sich selbst meistern = Das Leben meistern

Entscheide dich dafür deinem Körper Gutes zu tun, deine Seele wird es dir danken. Ernährung, körperliche Betätigung, Erholung, usw. - all diese etablierten Gewohnheiten prägen uns in der Gegenwart und vor allem in der Zukunft. Hierbei belasse ich es jetzt, denn auch zu dieser Thematik gibt es natürlich schon die ein oder andere tiefgründige Fachlektüre. Ich frage dich nur noch eine konkrete Sache: Bist du *gefangen* von deinen Gewohnheiten oder wirst du *getragen* von deinen Gewohnheiten? Deine Antwort darauf wird aussagkräftig sein, das ist im Grunde so sicher wie der Kaffeesatz im unteren Teil der Kaffeetasse.

--->

Monkeys *Monk*

Das Kapitel neigt sich nun dem Ende entgegen und ich möchte das „Amazon-Bezos-Gewohnheitskapitel" (so nenne ich es jetzt einfach mal) standesgemäß beenden. Dazu nutze ich ein YouTube-Video, das mir „zufällig" von meinem Algorhythmus vorgeschlagen wurde und das ich daraufhin natürlich inhaliert habe - meinem inneren Monk und seinen weisen Entscheidungen sei Dank. Das Video besteht zum Großteil aus einer Rede, die Jeff Bezos für die Absolventen der Princeton University hält. Knapp neun Millionen Klicks hat jener Vortrag und das spricht erstens für sich bzw. zweitens natürlich für den Inhalt. Es sind so viele nützliche Informationen enthalten - für mich, für dich und vermutlich für uns alle. Ich versuche das Ganze in einer möglichst übersichtlichen Grafik zusammenzufassen wobei das eher weiter weg ist von meinen normalen Gewohnheiten. Also verzeihe mir, falls es optisch ein wenig zwickt.

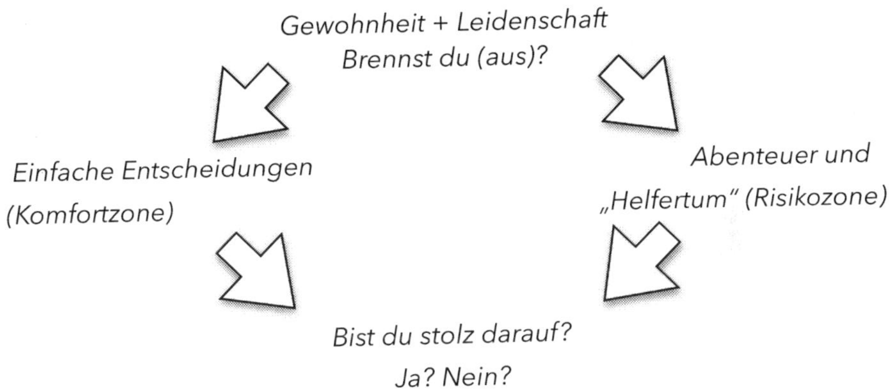

Bist du stolz auf deine vorgeprägten persönlichen Voraussetzungen (persönlicher Hintergrund) oder auf deine eigens etablierten Gewohnheiten, die wirklich einen Funken in dir erzeugen und dich tatsächlich deinen persönlichen Zielen näher bringen? Wie nutzt du deine Privilegien, die du ja offensichtlicherweise hast? Verschwendest du sie oder profitiert dein Umfeld davon? Genau das ist nämlich mit „Helfertum" (siehe oben) gemeint. Welche Gewohnheiten haben sich eventuell bei dir eingeschlichen? Bzw. ich frage dich wieder auf eine differenzierte Art und Weise: Welche Gewohnheiten hast du denn bewusst für dich reflektiert und anschließend so gewählt? Habe bitte im Hinterkopf, dass eine Seite die andere Option meist komplett ausschließt.

Angst	<->	*Leidenschaft*
Kopie	<->	*Original*
... ausgebrannt?	<->	*... brennst du?*

Choose wisely.

Wir besitzen in unserer Gesellschaft so eine heftige Anzahl an Privilegien. Die Frage, die wir uns stellen und über die wir zugleich alle nachdenken sollten ist eigentlich ganz einfach. *WAS MACHEN WIR DARAUS?* Ich gehe hier wieder anders vor, auch auf die Gefahr hin hier ein wenig Kritik zu ernten. Es handelt sich um eine Form der Visualisierung und ich warne dich - sie wird unter Umständen emotional aufwühlend sein. Deswegen stelle bitte zuerst sicher, dass du genug Raum/Zeit/Kapazitäten (denke an die Tasse) hast, um dieses Gedankenexperiment auszuprobieren und dich vollends darauf einzulassen. Damit schließe ich das Kapitel und du kannst dir erst einmal mit einer deiner Gewohnheiten etwas Gutes tun - ein leckerer Tee könnte dieses Mal mehr zur Entspannung beitragen, die Tasse hast du ja bereits gedanklich vor dir.

Was wird auf deinem Grabstein stehen?
Was wird Inhalt der Trauerrede auf deiner Beerdigung sein?

„Be the change you wish to see in the world."
- Mahatma Gandhi

KAPITEL SECHS

S C H I C K S A L

*„Dummheit ist immer das Gleiche zu tun
und dabei bessere Ergebnisse zu erwarten."*

- Boris Grundl

Wer ist dieser Boris Grundl? Wieso trifft er so eine Aussage? Ganz schön direkt. Darf er das? Ja, er darf das. Er darf das sogar sowas von und erntet dafür größten Respekt, von mir zumindest. Was meinst du? Du wirst gleich eine Antwort darauf haben, da bin ich mir sicher. Boris Grundl ist 58 Jahre alt und bringt Lebenserfahrung auf enorm vielen Ebenen mit sich. Abitur, Reserveoffizier beim Fallschirmjägerbatallion der Bundeswehr, gefolgt von einem Sportwissenschaftsstudium. Alles „normal" soweit… bis zu einer gewissen Mexikoreise. Dort springt er zusammen mit Freunden von einer Klippe ins Meer und ist vom Aufprall an querschnittsgelähmt - 90%ige Lähmung und somit extreme Bewegungseinschränkungen sind die Folge. Von nun an ist er somit auf einen Rollstuhl angewiesen. Was kommt dann? Leben quasi vorbei? Was auch sonst?! Weit davon entfernt. Er sammelt sich, nimmt sein Schicksal an und bündelt seine internen Ressourcen. Zwei Jahre nach seinem Unfall führt Boris Grundl sein Studium fort. Er hängt dabei sogar noch vier Semester Psychologie mit dran und lebt auch weiterhin seine Liebe zum Sport vollends aus. Wie das funktioniert während er im Rollstuhl sitzt? Lasse es mich mit seinen Erfolgen als Vizeweltmeister im Rollstuhlrugby (ja, sowas gibt's tatsächlich) und der Krönung zum deutschen Meister im Rollstuhltennis beantworten. Außergewöhnlich mh? Es geht noch weiter, denn zu dieser Zeit ist Boris gerade einmal in seinen Zwanzigern. 2001 gründet er sein eigenes Institut mit besonderem Schwerpunkt auf Beratung, Coaching und Vorträgen in den Bereichen Persönlichkeitsentwicklung, Selbstverantwortung und Mitarbeiterführung. Jetzt beeindruckt? Er geht noch einen erstaunlichen Schritt weiter, denn genau diese motivierenden Inhalte und seine vielfältigen Erfahrungen gibt er ehrenamtlich an Jugendliche weiter. Das finde ich zutiefst berührend, du auch? Dann sind wir schon zu zweit und der Informationskreislauf wird erst jetzt zu einer wirklich runden Sache, denn all diese Details bringt er auch als Autor zu Papier. Bis jetzt habe ich ein Buch von ihm gelesen und genau dieses Werk mit dem Namen „mach mich glücklich, wie wir das bekommen was jeder haben will" kann ich dir wärmstens ans Herz legen - im Grunde sagt der Titel ja bereits alles aus :)

Wieso schildere ich dir nun genau die Lebensphase von Boris? Erfahrungen und Entscheidungen hatten wir bereits im ersten Teil des Buches als zentrale Thematiken und aus dieser Prämisse heraus betrachtet ist Boris Grundl schlichtweg ein Vorbild. Er hat sein Schicksal akzeptiert, es angenommen und durch Willensstärke, Fleiß und Ausdauer viel Bemerkenswertes erreicht. Erinnerst du dich an Kapitel eins? Das war das mit den Vergleichen und eben jene positive Seite der Gegenüberstellungen brauchen wir hier. Sein „Bock auf Leben"- Gedanke steckt an. Er begeistert. Er motiviert. Mich auf jeden Fall! Dich ebenfalls? Dann haben wir wieder was gemeinsam.

„Das Schicksal wird schon seine Gründe haben."
- ein weiser Mensch

Wir können also unser Schicksal beeinflussen und vor allem das was wir daraus machen. Boris kann das. Ich kann das. Du kannst das. Andere Fachleute mögen da eventuell kontroverse Sichtweisen darüber haben. Das igonieren wir an dieser Stelle ganz gekonnt und wir konzentrieren uns auf eine viel wichtigere bzw. enorm bedeutendere Frage: Was ist denn mit *SCHICKSAL* überhaupt gemeint? Der Begriff ist eigentlich immer gegenwärtig, doch wissen wir wirklich um die genaue Bedeutung? Auch hier gibt's tausend Sichtweisen, mit manchen können wir mehr anfangen und andere komplett in die Tonne kloppen. Ich versuche dir meine eigene Interpretation des Begriffs zu erläutern, auch und vor allem inklusive vollem Bewusstsein darüber komplett an deiner Vision vorbeizuschießen. Das ist das Schöne an der Sache mit der Inspiration, also here we go. Für mich ist Schicksal die bewusste (oder intuitive) Reaktion auf ein Ereignis, das entweder bereits passiert ist oder in Zukunft geschehen kann. Dabei gibt es jeweils zwei Optionen.

Vergangenheit <–> JETZT <–> Zukunft

⇩	⇩
Schicksal akzeptiert?	Vorbereitet auf möglichen Schicksale?
oder	oder
Schicksal verdrängt?	Ignorieren bis etwas „passiert?"
Beantworte es für dich.	*Du entscheidest.*

Hast du es bereits bemerkt? Wir sind hier wieder ganz kräftig auf den Spuren des positiven Denkens und des tieferen Reflektierens unterwegs.

Wenn wir jetzt noch all unsere wiederholten Entscheidungen in bewusst gewählter Form mit an Board nehmen, dann haben wir sozusagen eine ideale komprimierte Verwendung von Kapitel eins bis fünf. Diese Bauteile brauchen wir nämlich für unseren individuellen Antrieb nach einem Schicksalsschlag. Quasi drücken wir entweder auf's Gaspedal oder wir verharren im Leerlauf. Diese „ich bleibe lieber stehen"- Methode hat bewiesenermaßen in den seltensten Fällen ein Problem gelöst... weder im Vorfeld, noch im Nachgang. „Leichter gesagt als getan" magst du dir jetzt vermutlich denken und das ist auch gut so. Wieso das? Na bei dieser Aussage denkst du ja bereits in Lösungsansätzen und weniger in Problemen. Versuche das für dich zu nutzen, sammel dich inklusive all deinen Kräften und drücke dann dein inneres Gaspedal durch. Tue dies bitte mit Bedacht, denn du solltest natürlich erst überlegen bzw. wissen in welche Richtung du fahren willst, denn ohne Navi am Ziel ankommen ist verdammt schwer. Vor allem, wenn es um deine interne Infrastruktur geht.

„Faith changes hope into reality."
- Kenneth E. Hogin

Deine Positivtät. Deine Hoffnung. Deine Träume. All diese Komponenten bilden die Grundlage deines Antriebs, um aus dem Schicksal etwas Gutes, Besseres und sogar das Beste zu machen. Nun gibt's noch zwei weitere Infos, die dir helfen werden das Ganze genauer für dich reflektieren und nutzen zu können. Wir nennen es einfach mal Gedankendoping für einen gelungenen Start aus der Parkposition - Jan Ulrich wäre an dieser Stelle stolz das zu lesen.

Doping #eins: 41,66 Gedanken. So viele Gedanken haben wir im Schnitt, pro Minute. 95% dieser Gedanken kommen in der Regel (am nächsten Tag) wieder - du weißt genau wovon ich spreche, hab ich Recht? Nun kommen wir zu den ganz entscheidenden Fragen. Überwiegt bei deinen Gedankenspielen der positive oder der negative Anteil? Mit was füllst du also deinen Gedankenmotor? Mit frischem Benzin oder mit altem Frittenfett? The choice is yours!

Doping #zwei: Placebo. Klingt jetzt ein bisschen nach einem schnuckeligen Örtchen in Südamerika, nur beschreibt dieser Begriff generell die Wirkung, WENN du den Glauben an positive

Schicksalsfügungen in deine Gedankengänge integrierst. Denn in den meisten Fällen spielt dir das Leben DANN tatsächlich gut zu, du hast es nur zuzulassen. Natürlich kannst du auch eine andere Route einschlagen, nur dann kippst du eben Salatdressing in deinen Tank. Und würdest du das deinem Auto antun? Nein? Wieso solltest du diesen Weg dann für dich wählen?

Jetzt frage ich dich an dieser Stelle mal wieder direkt, das kennst du ja mittlerweile. Sitzt du auf dem Fahrersitz deines lebenslangen Gefährts oder bist du nur passiver Beifahrer? Was hast du in dein internes Google Maps getippt? Ist es „Opfer der Ereignisse" oder „Meister des Schicksals?"

——>

Monkeys *Monk*

Doping #drei: „Der Sieg beginnt im Kopf." Dieses Zitat hatten wir schon in Kapitel zwei und jetzt erinnere dich bitte an einen wohlgesonnenen Dialog mit dir selbst, denn dir werden früher oder später erneut einige Monkeys da draußen „das war's" zurufen… Stelle sie ruhig und lass sie weiter wie wild auf ihren Bäumen herumturnen. Drehe einfach den Baum um, schüttel sie dezent ab und widme dich vielmehr dem was dir gut tut. Hab (wieder) Freude. Hab Vertrauen. Hab Optimismus. Hab Zuversicht. In dich und in das Leben. Benutze dein reflektiertes Gaspedal und mach den Scheibenwischer an. Es ist ja schließlich bekannt, dass die Frontscheibe deutlich größer ist als der Rückspiegel. Oder hast du ein anders konzipiertes Fahrzeug? Dann würde ich ganz schnell aus- und umsteigen ;)

Doping #vier: Die Zeit ist dein wohlgesonnener Mitfahrer und vollkommen auf deiner Seite. Egal wie schnell und wie zielgerichtet du unterwegs bist, fahre in deinem Tempo. Entschleunige deine Aktivitäten um dich herum und setze den Fokus auf die Reflexion deiner Gedanken. *LASS* dir diese Zeit. *NIMM* dir diese Zeit. *GIB* dir diese Zeit. Ganz bewusst, du wirst es dir später danken!

LICHT UND SCHATTEN

Zum Glück habe ich bis dato wenig härtere Schicksalsschläge erlitten. Dessen bin ich mir komplett bewusst und das ist auch der Grund weswegen ich mich in dieser Thematik auch eher leichtfüßig äußern kann. Ich genieße die Zeit mit meinem Umfeld sehr, da ich mir darüber bewusst bin *JEDEN JEDERZEIT* potentiell das letzte Mal zu sehen - sei es meine verbleibenden Großeltern, meine weiteren Familienmitglieder, meine Freunde, meine Partnerin Eva... wir wissen wie grausam die Welt teilweise ist und so kann *IMMER ALLES* passieren. Leider! Zugleich ist ein möglicher Verlust rational betrachtet das Normalste auf dieser Erde, auch wenn es mich natürlich trotz mentaler Vorbereitung im Fall der Fälle enorm hart treffen wird. Mein Gegenmittel heißt absolute Dankbarkeit und das damit verbundene Schätzen von „Gemeinsamzeit" - vermutlich in einem Maße wie es kaum andere Menschen tun. So viel zu meinem Umfeld. In mein privates Ich und meinen noch kommenden Werdegang habe ich vollkommenstes Vertrauen intus. Ich bin einfach neugierig was alles auf mich zukommen wird, denn es stehen mir aufregende und enorm richtungsweisende fünf Jahre bevor! *#placeboplatziert*

Auf beruflicher Ebene bin ich gerade dabei mein Schicksal in neue Bahnen zu lenken. Ich habe bereits vor meinem Reiseantritt gespürt, dass es Zeit ist für eine „noch erfüllendere" Veränderung und ich das Erziehersein hinter mir lassen möchte. Ob ich eines Tages in diesen tollen Job zurückkehren werde? Das halte ich mir offen. Ob mein Ziel mich langfristig im Verkehrschaos der Finanzberatung zu etablieren erfolgreich sein wird? Ich werde alles dafür tun, dass es klappt. Ob das Schicksal eventuell mit diesem Buch meine Weichen stellt ohne dass ich es aktuell auch nur annähernd abschätzen kann? Ich werde es erfahren und freue mich darauf. Ich halte meine Augen auf jeden Fall offen für Möglichkeiten und Lernpotential jeglicher Art, denn mit geschlossenen Sehhilfen fährt es sich bekanntlich schlecht. Du merkst ich blende meine blinden Monkeys immer mehr aus und ersetze sie durch einen alles überblickenden inneren Monk, der mir teilweise sogar selbst Angst macht. Wieso? Ich sehe mittlerweile sogar am schwärzesten aller schwarzen Tage klar und ziehe positive Schlüsse daraus - ziemlich gruselig, nur eben auch enorm hilfreich. Du erwartest jetzt abschließend vermutlich noch eine Antwort auf die „wie sieht denn die Einstellung zur

Reise an sich aus?"- Frage. Die Antwort bekommst du zu späterer Stunde, sie erfolgt noch in diesem Kapitel und das Ganze durchleuchte ich dann auch etwas ausführlicher.

INSPEKTION VON VORTEIL

Jetzt wissen wir deutlich mehr über unsere Monk(ey)-Stände als es zuvor der Fall war. Das heißt auch uns ist bereits bewusst was uns gut tut und welche Grundgedanken aus Kapitel eins bis fünf uns dabei helfen um einen Schicksalsschlagstillstand zu vermeiden. Wir sollten hierfür unseren Antrieb ab und zu *warten*. Die deutsche Sprache ist manchmal einfach herrlich - ich meine sich Zeit nehmen (= warten), um sich im gleichen Maße sein gedankliches Fortbewegungsmittel zu kümmern (= warten) ist ein und dasselbe Wort. Die Bedeutung und Wichtigkeit ist zwar ein anderes Thema, nur nehmen wir jetzt einfach die Kombination aus beiden Teilen. Wie machen wir also unseren (täglichen) TÜV? Bei unserem Auto fällt er alle zwei Jahre an, das ist uns klar - außer du hast einen Neuwagen natürlich. Da wir durch unsere Zeit auf diesem Planeten alle schon etwas Rost angesetzt haben, sollten wir uns etwas öfter um uns und unseren Antriebsstrang kümmern. Ob du zur Hauptinspektion eine zusätzliche Abgasuntersuchung brauchst darfst du hierbei für dich behalten, solltest du sogar ;) Du pflegst dein vierrädriges Begleiterlein pinibel, also pflege gefälligst auch dich! Ziemlich ironisch eigentlich, dass wir Deutsche oder auch die lieben Amerikaner ein Auto als so ein „schau mal lieber Nachbar was ich da für ein tolles Exemplar in meiner Hofeinfahrt stehen habe"-Objekt wahrnehmen. In der gleichen Zeit spielt sich leider unter der persönlichen Haube meist ein ganz anderes Szenario ab. Deswegen ist mein Ziel in diesem Abschnitt deinen individuellen Luftfilter zu reinigen, um eine Überhitzung (international als Burnout bekannt) auf jeden Fall zu vermeiden. Was tut uns also gut, um einen (inneren) Totalschaden zu vermeiden? Ich kann diese Frage für mich beantworten, deswegen lasse ich dir ein paar Stichpunkte als Inspirationsquelle da - quasi als Tuning für dich, vielleicht springt ja dein eingebauter Motor darauf an.

Zettel & Stift	=	*Leben reflektieren*
Meditation	=	*Gedanken fokussieren*
Natur	=	*Dich selbst wahrnehmen*

(oder zusammengefasst...)

Beruhige deine Gedanken, beruhige dein Leben!!!

Auch hier ist das Wissen darüber wieder die eine Sache. Es kommt vielmehr auf die Anwendung an, wie so oft. Probiere doch mal etwas aus was du zufälligerweise *irgendwo irgendwie* und *irgendwann* aufgeschnappt hast - vielleicht gibt es sogar diese eine Aktivität, die du schon lange mal ausüben möchtest. Du stellst fest das Neue tut dir gut? Keep it. Es fühlt sich seltsam an? Toss it. Bringe schlichtweg ein wenig Ruhe in deinen Tag bzw. Körper. Deine Karosserie, dein Motor und vor allem dein Start-Stop-Funktionsknopf werden es dir danken. Ganz egal was es auch sein mag - Yoga, TED-Talks, Motorsport oder Poetrieslams. Hauptsache du findest etwas womit du deinen täglichen TÜV auf Abruf durchführen kannst, deine Service-Werkstatt to go sozusagen. Spätestens seit dem letzten Kapitel weißt du ja wie sich Gewohnheiten etablieren, also worauf wartest du? Oder komplett anders und extravagant gefragt: Wie viele Automarken verkauft ein durchschnittlicher Angestellter im Autohaus? Eine, zwei, höchstens drei? Stimmst du mir zu? Gut, denn genau dieser Mensch fokussiert sich nämlich auf seine Expertise, also genau das was ihm Erfolg bringt. Das solltest du ebenfalls machen, weniger aus Autohändlersicht sondern mehr auf deiner persönlichen Ebene. Also ganz egal was du den lieben langen Tag so tust, sei einfach ein wenig mehr dein eigener Autoverkäufer ;)

„Vereinfachte Gedanken, vereinfachtes Leben."
- so einfach ist es.

BEQUEMLICHKEIT

Was tut dir also gut? Reflektiere es gerne auf die Schnelle für dich, denn meistens bilden deine intuitiven Gedanken bereits die richtige Antwort ab. Ohne langem Suchen sozusagen. Nur haben wir uns leider angewöhnt ganz lange darüber nachzudenken, ob es eventuell doch komplizierter sein könnte. STOP! Spätestens mit deinen eigenen Erwartungen und dem Druck aus deinem Umfeld gibt's dann bald deinen ganz persönlichen internen Kolbenfresser. Das kommt dann wieder dem mentalen Totalschaden gleich und deswegen gehen wir lieber präventiv in den Vorbereitungsmodus - quasi den Motor erst einmal länger laufen lassen bevor wir überhaupt starten. Dabei nehmen wir dann einfach ein paar dieser tückischen lästigen Baustellen und manövrieren ganz geschickt um sie herum, so einfach ist das. Wie diese nervtötenden, verengten und ressourcenfressenden Fahrbahnen heißen? *Alltagstrott* und *Ängste*.

Seien wir ehrlich, wir sitzen doch alle gerne in unserem bequemen Fahrersitz. So ein komfortabler Sessel aus Stoff, den wir jetzt einfach mal als Metapher für die gute alte Komfortzone verwenden. Stimmst du mir zu? Na klar, denn dort gibt's ja sogar die gute alte Sitzheizung ;) Wir fühlen uns dort schlichtweg pudelwohl, verständlicherweise… und einmal daran gewöhnt bleiben wir natürlich bei diesem hohen Standard. Dabei entgeht uns jedoch etwas. Dafür nehmen wir mal an es gäbe einen Ledersitz, noch bequemer und komfortabler quasi. Der könnte uns dann noch besser gefallen und noch besser zu uns passen. Das Problem bei diesem Ausstattunsupgrade ist, dass der Sitz an heißen Sommertagen verdammt heiß wird und sich an kalten Wintertagen auch mal ziemlich ekelig kalt anfühlen kann. Im Grunde holt uns das Ausprobieren von neuen Dingen kurz gesagt ziemlich schnell aus unseres Komfortzone heraus und deswegen bleiben wir oft und viel zu gerne in unserem gemütlichen kuscheligen Stoffsitz.

WANN HAST DU ZUM *LETZTEN MAL*
ETWAS ZUM ***ERSTEN MAL*** *AUSPROBIERT?*

Schnalle dich an und verbrenne dir ruhig mal deinen Hintern. Schalte gerne einen Gang höher und entdecke neue Fahrspuren. Erweitere deinen Horizont und wer weiß, vielleicht macht es dir ja sogar Spaß. Es könnte dir im Idealfall sogar gut tun, nur das weißt du erst *NACHDEM* du es ausprobiert hast. Hierbei belasse ich es erst mal, dein Motor läuft vermutlich ohnehin heiß. Da hast du dir glatt etwas Abkühlung verdient… genieße die Ruhe, so ganz ohne Motorengeräusche.

EINFACH MAL MACHEN

Nun kommen wir zum Endgegner unseres TÜVs, danach kannst du dann deinen Motor wieder im Schongang laufen lassen. Denn gibt es vielleicht manchmal etwas was dich hemmt deinen Zündschlüssel umzudrehen und loszulegen? Denke dabei bitte an deine erste Fahrstunde zurück... Nervosität, Anspannung, Angst. **Richtig Schiss** wie wir in Bayern sagen. Vor was haben wir denn eigentlich Angst? Oder ist dir ein Bericht über Todesopfer bekannt, die während eines solchen Fahreinstiegs zu Schaden gekommen sind? Nein? Wäre mir nämlich ebenfalls neu.

Vor was sollten wir also „Bammel" haben? Betrachten wir diese Angst doch mal als ein selbstkreiertes Monster, das viel zu viel mit uns anstellt. Es lähmt uns, führt uns zum absoluten Stillstand und unser totaler Totalausfall wäre zudem sowas von vermeidbar. *WÄRE* heißt es natürlich wieder in der Theorie. *IST* heißt es in der Praxis und da handelt es sich um ein deutlich schwerer zu händelndes Problemchen für uns. Weißt du wofür Probleme gemacht sind? Um sie zu lösen und deshalb schlage ich dir jetzt Folgendes vor... wir nehmen das Angstmonster einfach wie es ist, sagen ihm „schön, dass du da bist" und sperren es einfach schnurrstracks in den Kofferraum. Adieu, bye bye, ciao Kakao! Wir wünschen ihm von Herzen alles Gute, so nach dem Motto „hab ein gutes Leben, ganz weit weg von mir." Heckklappe zu und Fokus auf die Frontscheibe! Halte deinen Fuß parat, das Lenkrad fest in deinen Händen und drücke kräftig auf's Gaspedal - komplett entschlossen und mit einer ordentlichen Portion Vertrauen. Du wirst sehen was mit deiner Angst passiert. Entweder der Kofferraumdeckel öffnet sich und sie klatscht zielstrebig auf den harten kalten Aspahlt. Oder sie bleibt im Kofferraum und wird durch die Geschwindigkeit so durchgeschüttelt, dass ihr kotzübel wird. In jedem Fall wird sie über kurz oder lang verschwinden und du wirst diesbezüglich ein ziemlich gutes Gefühl verspüren. Die Erkenntnis über dich selbst schaltet dabei in den nächsten Gang, ganz a la Automatikgetriebe. Durch ständiges Üben wird es daraufhin zügig eine angenehme Autofahrt, auf die dann bald die Nächste folgt. Du kannst somit mit vollem Tempo auf deine Wünsche, Träume und Ziele zusteuern. Wie die aussehen? Du kennst deine Fahrtrichtung bereits. Und irgendwann wird dein zu heißer Ledersitz auch abkühlen, versprochen ;)

„Fear kills your ability to see beauty."

- Will Smith

Wir Deutsche lieben Vorschriften, wir haben ja schließlich sogar Regeln für Regeln. Wofür das steht? Für das Streben nach Sicherheit was ja grundsätzlich auch von Vorteil ist. Die Frage ist hierbei eher wie vorgeprägt wir durch diese genetische Grundeinstellungen nach eben jener Sicherheit wirklich sind?! Wie deutsch ich in dieser Hinsicht bin? Du wirst am Ende des Unterkapitels Fazit ziehen, für mich und ganz eventuell auch für dich. Ich bin gespannt.

Im Urlaub bzw. während einer Reise kann vieles passieren. Im Grunde genommen existiert, wie im normalen Leben auch, stets die Möglichkeit es könne *ALLES* vorkommen. Mit *alles* meine ich wirklich *alles*, denke nur mal kurz an den Unfall von Boris Grundl zurück. Deswegen habe ich mir im Vorfeld meiner Reise viele Fragen gestellt. Es waren Überlegungen, auf die ich im Idealfall *NIEMALS* eine Antwort erhalten würde. Das hoffe ich zumindest, denn wie viel Sinn würde es ergeben meine inneren Monkeys so richtig verrückt zu machen? Damit erschaffe ich mir ja im Grunde nur eigenes Leid… und wenn ich eine Sache vermeiden will, dann ist es genau das. Es soll ja schließlich der Spaß im Vordergrund stehen, gepaart mit Freude im Vorfeld, dem Genießen im Mittelfeld und meinen positiven reflektierten Gedanken im Ganzen.

Kreditkarten? Drei. Notfallgroschen? Ein 50 Euro-Schein im Schuh, unter der Schuheinlage. Wertsachen allgemein? Ganz gering in der Quantität und vor allem in ihrer Wertigkeit. Ich meine wer klaut schon ein iPhone 11, das vor allem auf der Rückseite mehrstündige Notoperationen inkl. einiger Schönheitseingriffe bräuchte? Nur als kleines Beispiel. Das Wichtigste? Natürlich der Reisepass, mindestens ein funktionierendes Zahlungsmittel und eben das angesprochene ledierte Apfelgerät - bei Letzterem geht es eigentlich nur um Zugänge zu Online Banking & Co, weil ohne wäre ich ziemlich aufgeschmissen bzw. hätte ich einfach null Komma null finanziellen Überblick. Und das als angehender Finanzberater? Da drehen meine Monkeys schon beim reinen Zuhören komplett durch. Was also tun? Richtig, die drei bedeutendsten Dinge bleiben also immer an meinem Körper, denn es wäre ja schließlich ziemlich doof das Essentiellste zu verlieren - so weit der Plan. Zur Sicherheit mache vor der Abreise natürlich auch noch ein Backup vom Handy, um die ganzen Daten auch im Ernstfall noch zu haben. Wohin der Gedankengang geführt hat? Erinnere dich mal zurück an das Erlebnis bei meiner Ankunft in Südafrika. Es ist so viel Theorie dabei, nur sieht's eben einfach in der Praxis mal so ganz anders aus. Grundsätzlich bin bzw. war ich wirklich gut vorbereitet auf das „Thema Gefahren."

Angefangen hat die ganze Geschichte mit der Frage was lässt man sich denn eigentlich impfen? Dengue-Fieber, japanische Enzephallitits (ja, das gibt's wirklich) & weitere ziemlich verrückt exotisch klingende Konsorten waren hier mit von der Partie. Ich habe mich weitgehend informiert und den Entschluss gefasst mich entsprechend meiner voraussichtlichen Reiseroute impfen zu lassen. Somit war die größte und irgendwie ziemlich wenig greifbar scheinende Gefahr erst mal erledigt. Dann hieß es „Online-Apotheke durchforsten" und ein kleines Arsenal an „was wäre denn ganz sinnvoll im Krankheitsmodus dabei zu haben?" zusammenzustellen. Das Ergebnis, ein kleiner Ziplock-Beutel, bei dem ich natürlich gehofft habe ihn so wenig wie möglich zu brauchen. Dann kommen kurz vor Abflug all diese „pass ja gut auf dich auf und komm gesund wieder"- Wünsche mit auf meinen Weg und damit bin ich ziemlich offen umgegangen. Das habe ich auch in der Form mit meinem Umfeld kommuniziert und bin dabei des Öfteren auf erstaunte Reaktionen gestoßen. Warum? Naja, natürlich war meine Aussage jedes Mal zunächst eine Version von „natürlich pass ich auf mich auf, denn ich lebe schon echt gerne und hoffentlich noch lange auf diesem wunderschönen Planeten" und dann habe ich den offenen Zusatz „ich gehe davon aus, dass durchaus was passieren kann/wird" hinzugefügt. Was ich damit gemeint habe? Ganz klar habe ich von Beginn an gehofft, dass alles klar geht. Ich meine steigst du gerne in ein Flugzeug und denkst dir „wär schon echt geil heute abzustürzen?" NIEMAND tut das. So auch ich. Der Sieg beginnt auch hier wieder im Kopf und es wird mich einfach weniger hart treffen, wenn ich plötzlich um etwas Bargeld oder was auch immer erleichtert werden würde. Verstehe mich bitte richtig, es gibt so viele nette hilfsbereits Menschen auf dieser Welt und genau so gehe ich auf die Welt zu. Nur wird es eben auch überall diese gewissen A********** geben, davon bin ich komplett überzeugt. Wieso leite ich das Thema eigentlich in der Form ein während es noch ziemlich wenig mit der Kapitelüberschrift und dem Schicksal an sich zu tun hat?

Hier kommt die ausführliche Erklärung zu dieser Fragestellung. Als Gegenmittel zu all dem „was könnte alles passieren" habe ich mir einfach gefühlt mein eigenes Karma kreiert. Wie ich das angestellt habe? Wir haben jetzt schon etwas Zeit miteinander verbracht, d.h. du kennst mittlerweile meine Art zu denken. Das war und ist für mich der absolute Killer der „oh mein Gott, es kann so viel schief gehen"- Gedanken. Selbstverständlich ist es auf unserer Couch sicherer... oder nimm den Stofffahrersitz, mir egal. Wir können uns dort sogar wunderbar ganz tolle Naturdokus in 4k-Qualität anschauen. Nur kommt so ein Ozean einschließlich heftigem *fifty shades of blue* nur eben in der Realität minimal eindrucksvoller um die Ecke. Ich denke du verstehst wie ich das meine. Ich versuch's zur Sicherheit nochmal auf andere Art und Weise zu beschreiben. Das Sichern der Dokumente + Impfen + Medikamente + bla bla bla, also was du eben tun kannst, ist alles wichtig - dabei sind es nur ***EXTERNE*** Vorbereitungen. Hier kommt das Schicksal ins Spiel, denn ich bin fest davon überzeugt es ***INTERN*** beeinflussen zu können. Ganz nach dem Motto „komm nur her Monster A, das auf den Namen Angst hört bzw. wo bleibst du Geschöpf B mit der Betitelung Zweifel? Ich bin bereit für dich, also komm doch!" Dieses Mindset zu entwickeln (ich spreche bewusst von entwickeln, denn es ist ein längerer Prozess), es zu etablieren und somit aktiv auf den eigenes Schicksal einzuwirken. Wie das geht?

SCHICKSAL BEEINFLUSSEN

=

Externe „was kann ich im Vorfeld tun" -Vorbereitung

+

Internes „ich beherrsche alle aufkommenden Monster" -Mindset

Du wirst doch die Menschen kennen, die nur S******* anziehen? Hab ich Recht? Schon mal darüber nachgedacht wieso das so ist? Die Antwort ist ziemlich einfach, denn wir sind für unseren eigenen Glückskanal *verantwortlich*. Und Verwantwortung impliziert natürlich, dass wir dabei ein kräftiges Wörtchen mitzureden bzw. schlichtweg großen Einfluss darauf haben.
Was also viel cleverer ist? Deinen internen Kanal nur für positive Menschen und Erlebnisse zu öffnen. Das bringt dir einen heftigen Boost, um erstens potentille Gefahren zu minimieren und dir zweitens auf deiner Reise zu helfen das ganze Kapitel viel entspannter angehen zu können. Was soll ich bis dato sagen? Mein iPhone ist immer noch in meinem Besitz und auch so waren es eher Gefährchen, wenn man überhaupt

davon sprechen kann bzw. will - dafür bin ich enorm dankbar und das wiederhole ich selbstverständlich für mich. Tag für Tag in den verschiedensten Formen. Sei es mit Hilfe von Zettel & Stift, in einer entspannenden Mediation oder als Teil einer Morgenroutine mit wohltuenden Affirmationen. Meist handelt es sich in meinem Fall sogar um eine tägliche Gewohnheit, außer es droht die Gefahr der Reizüberflutung. Ein Hoch auf das Konzept der Selbstreflexion und natürlich vor allem die Erkenntnis, dass das Schicksal meist nur mit negativen Assoziationen verknüpft wird. Die Frage „wieso sollten wir uns nur um die eine Seite der Medaille kümmern?" sollte ausreichen, um dich an all deine bereits erlebten *positiven* Schicksalsfügungen denken zu lassen. Viel Spaß dabei :)

„Karma ist das Schicksal, das wir selbst erschaffen."
- Guruder Sri Sri Ravi Shankar

Ursprünglich hatte ich vor noch weitere Gefahren mit in das Kapitel aufzunehmen. Mein innerer Monk spontanerweise anders geleitet und das ist gut so. Über einen notwendigen „wie entgehe ich der Gefahr"-Schritt mache ich mir schließlich erst dann Gedanken, wenn es wirklich dazu kommen sollte. Bis dahin bleibe ich optimistisch und zerbreche mir viel lieber den Kopf mit ein paar Cocktails am Strand. Kurzer Zusatz: Ich habe dir ja versprochen dich über mein Monk(ey)-Barometer im Hinblick auf die Reise zu informieren. Dieses kurze Intermezzo sollte diesen Punkt an dieser Stelle abhaken. Wie deutsch ich hierbei bin? Eher weniger. Mein Reisepass sagt zwar ziemlich klar aus welchem Land ich stamme, nur meine Mentalität kommt mir ab und ziemlich spanisch vor - interpretiere es wie du willst.

DAS SCHICKSAL EINER RASSE

Ich gebe dir jetzt genau drei Stichworte - Schicksal, Politik, Südafrika. Na, dämmert schon etwas? Kann ich das Schreiben aufhören und du das Buch zuklappen? Du wirst ziemlich sicher wissen auf was bzw. wen ich anspiele. Es wird sich nämlich gleich um einen ehemaligen Präsidenten drehen, den du vermutlich schon bildlich im Kopf hast. Nelson Mandela. Er ist uns allen ein Begriff, nur halt irgendwie auch nur oberflächlich. Ich meine was weißt du tatsächlich über ihn, also mehr als die Kombination aus diesen drei Stichwörtern und seinem Namen? Ein paar Fakten? Dann war da doch was mit dieser Apartheid und wie hat sich das nochmal alles zugetragen? Ganz schön viele Fragen. Ihn als Inhalt in dieses Kapitel mit aufzunehmen ist die logische Folge seines lebenslangen Kampfes für die Freiheit sowie über das Schicksal seines Landes - lange Zeit kämpfte er dabei sogar mit sich selbst.

Jetzt erst mal der Reihe nach. Wir machen einen Deal: Du nutzt dein komplettes verborgenes Wissen und ergänzt es mit den Informationen, die du durch diesen folgenden Abschnitt hinzugewinnst. Dann entscheidest du ganz einfach für dich, ob der kleine Geschichtsunterricht inspirierend ist. Eines ist sicher, er hat ein Land geprägt wie es vor ihm nur sehr wenige große internationale Führer getan haben. Wie es dazu kam? Lass uns den Motor starten, ich versuche auch die Reisegeschwindigkeit angenehm zu halten. Also lass uns ins Jahr 1918 begeben, denn da wird Rolihlahla *Mandela* in Mthatha (kleines Provinzdörfchen an der Ostküste von Südafrika) geboren. Sein Vorname bedeutet sowas wie ***trouble maker*** und der junge Mann sollte im Laufe der Jahre für so einige Aufruhr sorgen. Seine Familie: Einflussreich, vom Stamm der Xhosa abstammend und mit einiger Geschichte inkl. Macht/Autorität ausgestattet. Sein Vater: Ein angesehener Mann, Berater des Monarchen und eifrig in vielen Hinsichten - vier Frauen, vier Söhne und neun Töchter sprechen für sich. All das lässt Rolihlahla einen guten Stand in der Gesellschaft genießen und er reflektiert bereits sehr früh welche Wirkung Geschichten über Unterdrückung auf ihn haben. Seine Kindheit besteht ganz allgemein aus „Cowboy-Sein" (Rinder hüten) und vielen Naturerfahrungen mit seinen gleichaltrigen Freunden - ein wahrer Naturbursche, wenn man so will. Rolihlahla ist das erste Mitglied seiner Familie, das überhaupt die Schule besucht - ein riesengroßes Privileg also zu dieser Zeit. Dort gibt ihm seine Lehrerin, wie allen anderen Kindern auch, einen neuen Namen: *Nelson*. Der Name ist christlicher Natur, denn es handelt sich um eine Methodistenschule in einem östlichen Dörfchen Südafrikas. Sozusagen eine Mischung aus Protestanten- und Christentum zugleich. In dieser Gegend wächst er gemeinsam mit seinen beiden Schwestern und seiner Mutter auf. Als er neun Jahre alt ist, kommt sein Vater in den Ort und verstirbt kurze Zeit später. Ganz plötzlich, viel zu früh und wie man vermutet an einer starken Lungenerkrankung. Von ihm hat er, wie Nelson Mandela selbst sagt, seinen „stolzen Rebellismus" und seinen „ausdauernden Sinn für Fairness" vererbt bekommen. Nach diesem Ereignis bringt Nelson's Mutter ihn zu einem nahegelegenen Palast und macht sich daraufhin aus dem Staub. Er hat ab diesem Zeitpunkt eine neue Familie, die ihn im Grunde adoptiert und als eigenes Kind ansieht bzw. erzieht. Sein „Adoptivvater" Jogintaba, seine Frau Noengland (wohl eher weniger Fan der britischen Kultur) und deren eigenen beiden Kinder werden nun zu Nelson's neuem Lebensmittelpunkt. Dieser besteht aus sonntäglichen Kirchenbesuchen und die Religion wird dabei immer bedeutender für N. Mandela. Auch die Geschichte seines Landes beginnt ihn immer mehr zu interessieren und gewinnt für ihn an enormer Wichtigkeit. Mit 16 folgt das übliche kulturelle Ritual vom Jungen zum Mann zu werden: Die Gruppenbeschneidung, gemeinsam mit seinen gleichaltrigen Freunden. Zu dieser Zeit hat er ebenfalls das klare Ziel vor Augen sich für Gerechtigkeit einzusetzen und Anwalt für das Königshaus zu werden. Er wird offener, knüpft erste Bekanntschaften mit dem weiblichen Geschlecht, erprobt sich in verschiedenen Sportarten und entdeckt seine lebenslange Liebe zur Gartenarbeit/-pflege.

1935 erhält Mandela sein Juniorzertifikat als Anwalt, zwei Jahre darauf geht er zusammen mit seinem „Adoptivbruder" Justice auf ein Methodistencollege. Dort zeigt Nelson vermehrt Interesse an traditioneller afrikanischer Geschichte, entdeckt das Langstreckenlaufen für sich und steigt zum allerersten Mal in einen Boxring. Dort erprobt er sich regelmäßig, nur sein längster Kampf sollte ihm erst noch bevorstehen. 1940 flüchtet er mit gemeinsam mit Justice, weil sie zwangsverheiratet werden sollen und so suchen die Beiden lieber das Weite. Sie stranden daraufhin in der Metropole Johannesburg und Nelson versucht sich dort mit Gelegenheitsjobs über Wasser zu halten. Seine Erfahrung als Wachmann in einer Miene zu arbeiten beschreibt er als „erste Sichtung von südafrikanischem Kapitalismus." Als sein Arbeitgeber erfährt, dass er im Grunde ein Flüchtling ist, wird er nach kurzer Zeit entlassen. Er kommt bei seinem Cousin unter und lernt dort Walter Sisulu kennen - die Beiden sollten später südafrikanische Geschichte im ganz großen Stil schreiben. Durch weitere Kontakte kommt er zu einem Job in einer Rechtsanwaltskanzlei und währenddessen nimmt er zum ersten Mal an Kommunistenzusammenkünften Teil, bei dem Europäer, Afrikaner, Inder und Farbige gleichgestellt angesehen werden.

Diese Tatsache überrascht ihn, natürlich positiv. Nelson beginnt anschließend an seinen Qualifikationen zu arbeiten, schreibt sich an der USA (University of South Africa) ein und belegt einen Abendkurs mit dem Ziel seines Bachelorabschlusses. Sein Einkommen ist dabei sehr dürftig und er sammelt vielerlei Erfahrungen in den ärmlichen Wohnverhältnissen der Alexandra-Townships. Er schlägt sich Monat für Monat durch, ein wahrer Boxer eben.

1941 findet ihn sein Stiefvater nach intensiver Suche. Nelson erfährt Verständnis für seine Entscheidung von zu Hause zu fliehen und ihm wird vergeben. Ein Jahr später verstirbt sein „zweiter" Papa, nur bekommen das Nelson und Justice durch verzögerte Berichterstattung leider erst später mit. Zu spät sozusagen und so verpassen sie die Beerdigung. Um genau einen Tag. Im Folgejahr schließt er sein Bachelorstudium ab und es zieht in wieder nach Johannesburg. Er wählt nun endgültig den juristischen Weg als Anwalt - weniger für sein eigentlich angepeiltes Ziel, den Palast, sondern mehr als Rechtsbeistand für das Volk. Sein Fokus? Natürlich das Wohl der Bevölkerung. Auf welchen Teil der südafrikanischen Population er sich (teilweise ohne Bezahlung) spezialisiert? Du wirst es wissen, vor allem im Zusammenhang mit den eben genannten Grundpfeilern seines Lebens. Die Ausführungen über seine frühe Kindheit und all seine vielfältigen Erfahrungen sind wichtig für das Verständnis des großen Ganzen. Wir brauchen diese Details, um besser nachvollziehen zu können wie genau er das Schicksal seines Landes aktiv veränderte - in eine Richtung, die wir jetzt etwas genauer betrachten werden. Wenn du seine Biografie erwartest, dann bist du hier leider falsch. Ich empfehle sie dir lediglich zu lesen, denn so wirst du noch deutlich mehr über diesen einzigartigen Nationalhelden mit all seinen beeindruckenden Charakterzügen erfahren.

Was ist denn eigentlich das oberstes Ziel von Nelson Mandela? Sein absoluter Wille das Land, sprich SEIN Land, aus der Apartheid zu führen. Welches Schicksal er dabei hinten anstellt? Seins. Also lasst uns den Gedanken des inneren Funkens auch hier mit aufgreifen und uns genauer bewusst machen wie dieses absolute Inferno seinen Lauf nimmt. Wir springen ins Jahr 1943, denn neben seiner Laufbahn als Anwalt gründet er die Jugendliga des ANC (African National Congress), eine Bewegung der jungen politisch motivierten Generation mit der gemeinschaftlichen

Absicht der Gleichberechtigung aller Menschen Südafrikas. Die erste größere Aktivität dieser Bewegung ist ein Massenprotest gegen Maßnahmen des Staates, der die Baupreise im Land drastisch anhebt. Es scheint zunächst etwas überzogen, nur trifft es zu dieser Zeit vor allem die ärmliche und meist dunkelhäutige Bevölkerung Südafrikas. Der Erfolg der gewählten Methode ist direkt spürbar und die Bewegung um Mandela soll nach und nach einen immer wichtigeren Teil im Kampf für gleiche Rechte innerhalb des Landes darstellen. Mandela unternimmt viele Reisen, politisch motiviert versteht sich, und spricht direkt mit den Unterdrückten. Er ist sozusagen extrem nah am Volk und das macht ihn im Land sehr schnell enorm populär. Dieser Fortschritt erleichtert ihm die Erreichung seines großen Zieles die Menschen zu *inspirieren* und vor allem zu *motivieren*. Die Menschen, egal welcher Hautfarbe, haben Rechte und darüber klärt er sein eigenes Volk in ganz Südafrika auf.

„Education is the most powerful weapon
you can utilize to transform the world."
- Nelson Mandela

Diese Sichtweise nutzt er auch für sich, um sein eigenes „Waffenarsenal" zu schärfen. Er bildet sich selbst weiter, zunächst mit Englisch (bringt er sich selbst bei) und weiterführend mit Psychologie, Philosophie und letztendlich auch mit Politik. Dieses enorm breite Wissenssspektrum stellt die Weichen für alles was schon bald folgen wird. Auf die Gefahr hin mich zu wiederholen, sein Ziel ist nach wie vor für drei zentrale Punkte zu kämpfen: Unterdrückung beenden, Rassismus abschaffen, Gleichberechtigung (Behausung, Behandlung, Wahlrecht, usw...) zu erreichen und somit in Summe die „durch weiße Einwanderer hervorgerufene Rassentrennung" ein für alle Mal zu beenden. Diese Propaganda stößt selbstverständlich auf größten Gegenwind von Seiten der weißen Machthaber, denn sie möchten ihre Staatsherrschaft natürlich beibehalten. So werden alle Vorgänge Mandelas überwacht, eingedämmt und auf das Härteste bestraft. Mehrfache Inhaftierungen sind die Folge, anfangs noch glimpflich auf Bewährung hinauslaufend und auf eher kürzere Gefängnisaufenthalte beschränkt. Mit immer zunehmender Macht merkt auch die Regierung bald, dass Nelson mittlerweile zu einer ernsthaften Bedrohung für das Regime wird. Mandela wird schließlich zu lebenslanger Haft verurteilt. Der Grund:

Regierungsverrat. Von 1964 bis 1982 wird Mandela sogar im Hochsicherheitsgefängnis von Robben Island (eine besonders brutale Gefängnisanstalt) untergebracht. 18 Jahre lang. Dort wird er körperlich gefoltert und psychisch misshandelt, gedemütigt und mit härtester Form von anstrengender Arbeit überschüttet. Das Ziel der Wärter hinter all diesen Schikanen: Ihn zu schwächen, seinen Willen zu brechen und ihn vor allem leiden zu sehen. Die Bedingungen im Gefängnis sind tatsächlich hart, enorm hart sogar. Die weitere Absicht der Regierung hinter den Maßnahmen: Den großen Einfluss von Mandela auf das südafrikanische Volk einzudämmen. Ob ihnen das gelingt? Nein. Mit fortlaufender Dauer der Inhaftierung auf Robben Island wird Mandela immer mehr zum (inter)nationalen Symbol für „schwarzen Widerstand." Er beschließt sein Schicksal anzunehmen, durchzuhalten und beginnt sogar dort zu studieren/lernen. In dieser Zeitspanne entsteht seine Biografie „long walk to freedom" und er setzt sich gleichzeitig für mehr bzw. bessere Rechte der Gefangenen ein.
Bemerkenswert. Aus einem eigentlich elendigen Schicksal holt er diese Willensstärke, diese motvierten Ansichten und vor allem große Taten aus seinem inneren Repertoire hervor. Dabei verdient er sich meinen allerhöchsten Respekt. Er findet Mittel und Wege auch aus der Zelle heraus landesweite Demonstrationen und Aufstände anzuzetteln. Seine Hauptaussage fasziniert mich, denn die Polizei geht auf brutalste Art und Weise gegen diese Aktionen vor - **„It is so easy to break down and destroy. The heroes make peace and build."** Wow, was soll man da noch hinzufügen? Der Friedensgedanke treibt ihn mehr an dennje und der Funke springt schließlich noch mehr auf „sein" Volk über. Um ein Haar wird es zu einem wahren Inferno, das komplett außer Kontrolle gerät und das Land in bürgerkriegsähnliche Zustände versetzt. Zum Glück hat er das Volk auf seiner Seite und auch über die Landesgrenzen hinaus werden die „free Mandela"- Rufe immer lauter. Weltweit hallt dieser Satz durch die Straßen und eine globale Bewegung entsteht! Nach neun weiteren Jahren in Haft, genauer gesagt am 11. Februar 1990, wird der „father of the nation" schließlich aus dem Gefängnis entlassen... oder besser heißt es wohl von seinem eigenen Schicksal erlöst. Mit seiner „Befreiung", die weltweit mit Spannung verfolgt und noch mehr bejubelt wird, erfährt er kollektives Staunen, riesengroße Erleichterung und absolute anerkennende Bewunderung von allen Seiten. Dadurch brennt er dann endgültig das Apartheidsregime nieder. Was (s)ein Funke da

angerichtet hat sagt alles aus. Über ihn als Person. Über ihn als friedlichen Freiheitskämper.

1994 ist es dann endlich soweit. Die erste demokratische Wahl in der Geschichte Südafrikas steht vor der Tür. Der Sieger? Wir wissen es alle und so wird *Nelson Mandela* der erste schwarze Präsident des Landes. Durch seinen Einsatz und sein diplomatisches Geschick kreiert er dieses vielfältige und wahrhaftig multikulturelle Land mit gleichen Rechten für ALLE. Für Schwarze. Für Weiße. Für Farbige. Für Inder. Einfach für ALLE. Er führt eine Amtszeit als Oberhaupt des Landes aus und tritt 1999 zurück. Im Jahr 2001 erreicht ihn dann die Diagnose einer Prostatakrebserkrankung, die ihn im Alter von 95 Jahren in die Knie zwingt. So geht der 05.12.2013 als ein trauriger Tag in die Geschichtsbücher ein, denn einer der größten Politiker der Weltgeschichte geht von uns. Was bleibt ist sein Vermächtnis, das nur dank N.M. möglich wurde und nach wie vor ein exrem wichtiger Teil der Weltpolitik ist. Ausschlaggebend für diese Veränderung: Die Entscheidung das Schicksal seines Landes in die Hand zu nehmen…

„I am the master of my faith and the captain of my destiny."

- Nelson Mandela

KAPITEL SIEBEN

L I E B E

„Wo Liebe wächst gedeiht Leben, wo Hass aufkommt droht Untergang."

- Mahatma Gandhi

Wir kennen es doch alle. Sie sind da, vereint in ihrer gemeinsamen Mission. Sie stellen sich auf, bewaffnet mit all diesen negativen Gedanken - dabei haben sie brennende Speere in der Hand und sind auf Krawall gebürstet. Ich meine genau die Art von „jetzt zeig ich's dir erst Recht!" Oder vielmehr „wenn du so zu mir bist, na dann warte mal ab wie ich zu dir sein kann... nur hald eben noch viel krasser!" Wer so denkt? Es sind natürlich unsere Monkeys. Ach Quatsch, von was rede ich? Es ist eher eine Monkeyarmee. Alle in Formation und auf's Äußerste bereit ihre Waffen einzusetzen. Das Ziel dabei: Unserem Gegenüber an die Gurgel zu gehen, mit Anlauf und somit mit dieser ganzen Intensität natürlich - soll ja schließlich auch Wirkung haben! Dabei haben wir noch eine weitere Motivation: Unser eigenes Ego schützen, genau dafür alle uns zur Verfügung stehenden Mittel einsetzen und unserem Mitmenschen so richtig die Stirn bieten. Klingt sinnvoll, oder? Denn wenn jeder an sich denkt, dann ist ja sozusagen an alle gedacht. STOP! Der Sarkasmus ist hoffentlich herauszuhören, sonst hätte ich meinen Auftrag ja schließlich in den vorherigen Kapiteln ziemlich verkackt. Ich frage dich mal anders, kennst du solche Situationen? Momente, in denen du (direkt) verbal angegriffen wirst? Rufe sie dir doch einmal kurz in Erinnerung und fühle dabei in dich hinein. Was spürst du dabei? Egal wie lange es auch schon her ist, dir wird bestimmt eine Erfahrung einfallen. Ein Erlebnis, auf das du gut und gerne verzichtet hättest. Nur sind wir ja eben alle Erfahrungssammler - und das vor allem beim Thema der Zwischenmenschlichkeit. Diese lebenslange Reise prägt uns, formt uns sozusagen und hinterlässt natürlich auch Eindruck. Positiv oder negativ. Intuitiv oder gewollt. Also stellt sich doch eigentlich nur eine entscheidende Frage: Wie sollten wir miteinander umgehen? Oder besser, wie sieht unser spezieller Schlachtplan dabei aus?

*Gelassener Monk (**Liebe**)*
oder
*wutentbrannte Monkeys (**Hass**)*

Sollten wir also unsere Monkeys gegenseitig ausspielen? Sprich versammeln und gegen die Armada von feindlichen Monkeys kämpfen lassen? Ein grausames Gemetzel anzetteln? So lange bis nur noch der Oberaffe dasteht und ruhmreich ein „schau her, ich bin der tollste, stärkste, ausdauerndste und mächtigste Affe von allen!" in die Weite der

Welt hineinruft? Die Aussage des Affenhäuptlings mag zwar ein wenig Wahrheit enthalten, nur steht er, inklusive seinem überdimensionierten Ego, dabei ziemlich alleine an der Spitze. Er ist vielleicht der Überzeugung er hätte gewonnen, nur die Frage ist doch vielmehr was wir dabei verloren haben? ***Liebe*** und ***Zwischenmenschlichkeit***. Und somit vielleicht sogar einen Menschen, temporär oder dauerhaft. Warum? Weil wir zu stolz sind klein beizugeben. Weil wir diese „dem/der zeig ich's"-Mentalität einsetzen, um uns zu verteidigen. Das Doofe an der Sache: Dabei stiften wir den Kampf nur noch mehr an bzw. die brennenden Speere unserer Monkeys entfachen ein Feuer, das sich mit fortschreitenden Emotionen immer schwieriger kontrollieren lässt. Dann kommen weitere Reaktionen unseres Gegenübers hinzu und jedem Teilnehmer im Disput brennen auch noch nach und nach die Sicherungen durch. Der Auslöser? Irgendetwas was uns gerade fehlt (Defizit), das zu eben jenen negativen Emotionen führt. Der Brandbeschleuniger? Argumente, die ohne große Reflexion unserer Gedanken aus uns herausbrechen, eventuell sogar ein Inferno an negativen Worten bzw. sogar Taten. Im Grunde ein *„in Benzin getränkter Hass."* Genau diesen nehmen wir und kippen ihn zum Feuerchen? Was passiert sollte uns dabei EIGENTLICH klar sein, nur ist es im Eifer des Gefechts nun mal ziemlich schwierig sich das in Erinnerung zu rufen. Durch „give & go" entsteht dann also der Flächenbrand und der zerstört bekanntlich mehr als nur die Bäume, auf denen deine Monkeys in ihrer primitiven und verspielten Denkweise von Ast zu Ast hüpfen.

Wir zerstören uns also in gewisser Weise ein Stück weit selbst - entweder sofort oder im Nachgang, wenn wir bereuen was wir von uns gegeben haben. Wie beenden wir nun also diesen (inneren) Krieg, den wir ja letztendlich in doppelter Hinsicht führen? Mit ***LIEBE***. Das klingt jetzt erst mal nach der Antwort auf eine Frage, die wir im Religionsunterricht (vermutlich 5. Klasse) von uns gegeben haben und wirkt somit sehr oberflächlich. Es ist dabei jedoch so viel tiefgründiger. Es kommt darauf an wie verwurzelt wir mit einstigen Saat der Liebe sind, wie wir sie nutzen (wollen). Hier nehmen wir als Visualisierung eine Reihe von harmonisch blühenden Blumen, die allesamt Teil eines gepflegten Gartens sind und in dem wir eine idyllischen Ruhe verspüren. Ich meine eine Ansammlung von bunten Pflänzchen und kleinen schnuckeligen Wegen aus Kies, durch dessen Verzweigung unser Monk ganz entspannt schlendert. Meditativ, die Natur beobachtend und wertschätzend gegenüber allem was ihm dabei begegnet. Zudem dankbar für alle Menschen, die seinen Weg kreuzen. Diese positive Sichtweise würde die Flamme des leidenschaftlichen Disputs sofort im Keim ersticken, quasi eine „ein-Mann-Löscharmee." Klingt super in der Theorie, hab ich Recht? Die Umsetzung ist das was uns tagtäglich schwerer fällt, genauer gsagt um ein Vielfaches schwerer. Wie steht es dabei um dich? Bist du im Akutfall eher Spiritus (Monkeys) oder Feuerlöscher (Monk) in dieser Interaktion?

--->

Monkeys *Monk*

Genug mit der Negativität herumgeschlagen. Wir ändern die Windrichtung, denn das hilft ja teilweise auch einen Brand einzudämmen bzw. ganz zu verhindern - Greta Thunberg inklusive ihrer kummulierten Klimawandelliebe wäre an dieser Stelle stolz das zu lesen. Grüne Denkweise hin oder her, jetzt kehren wir zu uns zurück. Genauer genommen zu unseren Grundwerten, denn die haben wir alle seit unserer Geburt intus. Oder hast du schon mal ein frisch geschlüpftes Baby beobachtet wie es gerade mit voller Absicht einen richtig heftigen Streit anzettelt? Wir alle kommen mit einem angeborenen Maß an Zwischenmenschlichkeit, Liebe, Wärme und Herzlichkeit auf diese Welt - das liegt quasi neben bzw. eigentlich in uns in der Wiege. Dieses Geschenk ist vollkommen umsonst und und wird uns allen ganz natürlich mitgegeben. Die Frage ist was machen wir daraus? Ignorieren? Wäre möglich. Nutzen? Wäre sinnvoll. So verbreiten wir nämlich Positivität, für uns selbst und natürlich auch für unser Umfeld. Das ist wieder mal eine klassische Win-Win-Situation, in der wir uns doch dann gleich auch deutlich wohler fühlen. Sollte man zumindest meinen?! Außer du bist natürlich ein „Naturgrantler" - eine Spezies, die vor allem im traditionellen Bayern sehr häufig anzufinden ist. Wo man sie findet? Tief im bayerischen Wald, entweder im eigenen Areal (sowas hat man in Bayern einfach) oder natürlich im Niedermachen eines anderen Waldes. Wozu? Na das bleibt uns wohl allen ein Rätsel.

Wir alle brauchen doch Liebe und wir alle haben die Gabe sie auch zu teilen, von klein auf. Den Samen haben wir sozusagen von Beginn an implementiert und mit ein bisschen Pflege wird daraus ein fest verzweigtes Wurzel- bzw. Wertesystem. Mit viel Wasser (positive Einstellung) und dem richtigen Dünger (Übung Übung Übung) können wir sogar ganz bewusst die Wurzeln unserer Mitmenschen stärken… und wenn diese erst einmal fest verankert sind, na was soll da noch groß schief gehen? Du hast auch hier wieder eine bedeutende Entscheidung zu treffen - wählst du die Variante „Liebe schenken" (nahrhafter Boden) ODER die Alternative „Hass verbreiten" (verrottende Wurzeln).

Zwischenmenschlichkeit	*Wut*
Wertschätzung	*Neid*
Dankbarkeit	*Eifersucht*
Wärme	*Missgunst*
Herzlichkeit	.
Verständnis	.
Zuwendung	.
.	
.	
.	

Liebe ist doch eigentlich, wenn du andere glücklich sehen möchtest. Gute Laune verbreiten. Wohlwollen verbreiten. Güte zeigen… Such es dir selbst aus, es gibt so viele Möglichkeiten. Du wirst dich an Beispiele der Liebe erinnern. Sie werden dich zum Schmunzeln bringen. Und das Positivste daran ist die Tatsache, dass unsere Stimme dabei nur eine kleine „Waffe" in unserem täglichen Kampf, für die Verbreitung von Frieden und Zwischenmenschlichkeit, darstellt. Etwas zu sagen ist das eine, etwas zu meinen und das dann auch so zu zeigen ist das Andere…

„Taten überreden mehr als Worte"
- Dale Carnegie

Dieses Zitat lasse ich jetzt bewusst genau so stehen. Welche Gedanken gehen dir dabei durch den Kopf? Reflektiere deine Überlegungen ruhig ein wenig, ich füge derweil noch einen weiteren Fakt hinzu: Kleinigkeiten zu schätzen ist eine riesengroße Gabe - vor allem in unserer täglichen Zwischenmenschlichkeit. Diese Gabe auch die scheinbar winzigen Dinge als ausreichend zu empfinden und dafür zugleich dankbar zu sein, das könnte auch außerhalb deiner menschlichen Interaktionen ein ziemlicher „game changer" sein mh?

UNSER TÄGLICHES BROT

Lass mich raten, du verbindest Liebe automatisch mit anderen Menschen, hab ich Recht? Partner, Kinder, Kollegen, Nachbarn (wenn man die denn mag), usw... Sollten wir die Aufzählung so belassen oder lieber noch eine weitere Person ergänzen? Ich rede von der Person, die diese Zeilen gerade liest. Von dir. Denn bevor wir Liebe in unsere Umlaufbahn bringen können, sollten wir uns doch vorallem zuerst selbst lieben. Das ist ganz schön viel verlangt, so von 0 auf 100, deswegen lass uns etwas einfacher starten.

Die Summe aus Selbstakzeptanz, Selbstwertschätzung und Selbstdankbarkeit (vermutlich eine Wortneuschöpfung) führt zu ***SELBSTLIEBE***.

Daher kann Liebe ganz schön überfordernd sein. Ich meine wie sollten wir diese Form der Zwischenmenschlichkeit weitergeben, wenn wir gerade noch mittendrin sind herauszufinden wie wir uns selbst lieben können. Damit fängt nämlich alles an. Wie wir das also anstellen? Auch hier gibt's wieder ziemlich viel tiefgründige Fachlektüre, deswegen schneide ich das Thema an dieser Stelle eher oberflächlich an. Wir gehen vom Idealzustand aus - du liebst dich und alles was dich ausmacht bereits in vollem Maße? Perfekt, dann können wir uns ja instant um den nächsten Schritt kümmern, denn die Liebe lässt alle Personen in deinem Umfeld profitieren. DICH natürlich eingeschlossen. Sie bietet Sicherheit für deine Mitmenschen und sie fühlen sich so (durch dich) geborgen. Das Gleiche funktioniert auch in die entgegengesetzte Richtung, denn denke doch mal an die wichtigsten Personen in deinem Leben - also die mit denen du richtig gerne Zeit verbringst und die du am besten immer um dich herum haben möchtest. Was passiert dabei? Wird dir vielleicht warm um's Herz? Oder huscht dir eventuell ein Schmunzeln über die Lippen? Genau das erreicht nämlich Liebe und durch diese Verbreitung von Menschlichkeit spüren wir die Kraft eines harmonischen Miteinanders. Aus ICH wird WIR. Aus EGO wird GEMEINSAM. Dieses Gefüge fühlt sich verdammt gut an und führt bei allen Beteiligten gleichzeitig zu den positivsten Emotionen.

Gehen wir gedanklich weg von deinen Lieblingsmenschen und vergrößern den Radius. Mit wie vielen Leuten kommst du täglich so in Kontakt? Im Schnitt sind es laut einigen Studien acht bis zwölf Menschen - kommt ein wenig darauf an, ob wir WhatsApp & Co hier wirklich mit rein nehmen möchten?! Die Art des Kontakts klammern wir daher mal aus. Wir stellen uns lieber die Frage wie wir Liebe in unseren Alltag einbauen und uns somit gegenseitig Gutes tun können? Also dabei reden wir natürlich weniger von körperlicher bzw. leidenschaftlicher Liebe und konzentrieren uns auf „eigentliche Banalitäten." Sprich Kleinigkeiten in Form von „ich bin gut zu anderen und versuche mein Umfeld zu verstehen/akzeptieren/ respektieren - IMMER und JEDERZEIT." Hier wende ich gerne die sogenannte Engelsflügeltaktik an, bei der ich mir vorstelle mein Interaktionspartner hätte tatsächlich Engelsflügel auf dem Rücken. Klingt seltsam? Ich geb dir Recht, nur hilft es mir tatsächlich meinem Gegenüber mit Wohlwollen und weiteren positiven Absichten zu begegnen. Probiere es gerne mal für dich aus und lass mich wissen, ob diese Vorgehensweise auch für dich funktioniert - ich bin gespannt. Es gibt dabei nämlich so viel Übungspotential, Tag für Tag, Stunde für Stunde und sogar Minute für Minute. Wenn du diese Gedanken alltäglich verwendest geschieht nämlich etwas… du startest einen *liebevollen Zwischenmenschlichkeitskreislauf* (ist wohl wieder eine Wortneuschöpfung) und du wirst bemerken wie dein Umfeld darauf reagiert. Deine Mitmenschen werden es bemerken und dir schon bald folgen, davon bin ich überzeugt. Sei also DU der Start von etwas MÄCHTIGEM! Was es dazu braucht? DICH. Als Initiator. Als Startschuss. Als Antreiber. Auf eine Aktion deinerseits folgt bekanntlich eine Reaktion deiner Umgebenen. Was noch von Vorteil ist? Zeit. Sei nachsichtig, wenn es vielleicht ein wenig dauern wird und hab gleichzeitig Vertrauen in den Prozess, den du ins Rollen gebracht hast.

„Immer ist es Liebe, die gewinnt."
- Helene Fischer

Wenn sogar die Biografie einer derartig erfolgreichen Künstlerin so heißt, was sagt uns das dann? Könnte schon was dran sein mh? Apropo Helene Fischer, sie wird übrigens im Jahre 1984 geboren… kleiner Scherz, ich wollte dich nur etwas schocken und deine inneren Monkeys etwas in Aufruhr versetzen. Ein kleiner Spaß meinerseits diese absolute Powerfrau jetzt hier im Kapitel genauer zu durchleuchten. Ich kann dich und deine Monkeys an dieser Stelle beruhigen, denn wir haben ja bereits zweieinhalb Musiker ins Buch aufgenommen und das reicht erst einmal. Erleichtert? Enttäuscht? Ist ja schließlich beides möglich. Wir werden uns am Ende dieses Kapitels mit einer noch bekannteren Person auseinandersetzen, das verspreche ich dir. Wer das sein wird? Lass dich überraschen.

D I C H

L I E B E *deine F R E U N D E*

deine F E I N D E

Moment... „Jetzt bleib mal realistisch junger Mann" wird dir jetzt durch den Kopf gehen. Du wirst dich auch fragen wieso zum Teufel du deine Feinde lieben solltest, stimmt's? Ich erkläre dir es ganz kurz und knackig. Wir haben in Kapitel eins bereits thematisiert, dass es IMMER eine Gemeinsamkeit, heißt eine überschneidende Grundlage für Liebe, gibt. Mit dieser Erkenntnis durch die Welt zu gehen lässt uns profitieren, jeden einzelnen von uns. Zugleich löst sich der Begriff „Feind" dadurch sehr schnell in Luft auf. Ähnlich rasch wie sich dunkle Wolken verziehen. Was also gegen diese „eigentliche Negativität" tun? Stelle dir bitte eine Person vor, die dir gegenüber emotional auftritt - laut, aggressiv und mit all den schlechten Launen eben. Du bist gedanklich dabei? Gut. Was ist dein Ziel in einer solchen Situation? Schnell weg oder?! Jetzt drehen wir den Spieß um und picken uns genau diesen Menschen als Negativbeispiel heraus. Diese **negative** Erfahrung können wir nämlich einfach für uns nutzen und als **positive** Lernerfahrung/Lebenslektion (nenne es wie du möchtest) abspeichern. Natürlich ist es an die Voraussetzung gekoppelt, ob wir da wirklich wollen?! Wenn wir uns dagegen entscheiden, können wir natürlich unser Stimmungswetterchen durch diese Person trüben lassen. Macht das Sinn? Eher so semi. Du merkst also auch hier, es ist wieder eine Frage deiner inneren Einstellung und vor allem deiner persönlichen Entscheidung. Willst du dich von den negativen Verhaltensweisen eines „Feindes" runterziehen lassen? Oder willst du diese vermeintlich „hässliche Form" der Zwischenmenschlichkeit lieber nutzen, deine Gefühlswelt für dich reflektieren und genau gegenteilig durch die Welt gehen?

Liebe und Zwischenmenschlichkeit ziehen weitere Wärme an und lassen unseren „feindlichen" Gesprächspartner dabei ganz schön im Regen stehen. Kleines Experiment: Wenn das nächste Mal schwer bewaffnete angriffslustige Monkeys deiner Mitmenschen in einen Krieg ziehen wollen, dann nimm dir kurz die Zeit und atme tief durch. Halt einen Moment inne und besinne dich mit Liebe zu antworten. Schwäche somit diese negative Kontaktgestaltung deines Gegenübers ab, indem du ihm Verständnis entgegen bringst. Dein Gesprächspartner wird seine Beweggründe haben und seine Laune hat ohnehin eher weniger mit dir als Person zu tun. Es liegt viel wahrscheinlicher an einem Ereignis, das im Vorfeld „passiert" ist und das die Stimmung deines Gegenübers in so heftigem Maße beeinflusst hat. Gewinne etwas Abstand für dich (zeitlich und emotional) und versuche zu einem späteren Zeitpunkt erneut Kontakt aufzunehmen. Behalte das im Gedächtnis, denn das Gespräch aufzuschieben ist hier die deutlich sinnvollere Methode. Bis dahin hat eventuell sogar ein wenig Sonnenlicht die „Donnerwetterlaune" des Anderen durchleuchtet und es ist ein Gespräch in einer wärmeren Athmosphäre möglich. Wäre quasi wieder eine Win-Win-Situation! Auch hier spielt dir die Zeit zum Sortieren deiner Gedankenwelt in die Karten, denn das wird den bevorstehenden Gesprächsverlauf bereits drastisch verändern - wenn bei einem Krieg nämlich nur einer mitmacht, dann ändert das letztendlich viel am Ausgang ;) Leider haben wir da aktuell sogar weltpolitisch einige (Negativ)Beispiele mit denen wir tagtäglich konfrontiert sind - auch diese können und sollten wir für uns nutzen, um ANDERS bzw. FRIEDLICHER zu handeln… einfach mit eben jener Liebe. Ein gewisses Land, das aktuell durch die Potenzprobleme des Nachbarlandes in einen ziemlich vermeidbaren Krieg hineingezogen wird hat lediglich die Entscheidungsfreiheit sich zu verteidigen. Wir hingegen haben das Privileg zu entscheiden, denn wir haben die freie Wahl: Weltuntergang oder Sonnenwetter? Dieses Potential steckt dabei in jedem von uns - ich habe den Eindruck, dass der Großteil der Menschheit diese positive Wärme bereits jeweils für sich entdeckt hat. Andere Teile unserer Population möchten sich mit allen verfügbaren gegen das Sonnenwetter schützen und bevorzugen nach wie vor die Konfrontation. Das Schlechte daran: *Wir sind fast jeden Tag damit konfrontiert.* Das Gute daran: *Wir sind fast jeden Tag damit konfrontiert.* Du hast richtig gelesen - Übung Übung Übung. Die macht bekanntlich den (Zwischenmensch-lichkeits)Meister und der erringt, wie wir alle wissen, Sieg um Sieg.

„To love and to be loved is to feel the sun from both sides."
- David Viscott

Wie du deine „Kämpfe" für dich entscheidest, das ist deine Wahl. Am täglichen Schlachtfeld, so nenne ich es jetzt einfach mal, wirst du schon fündig werden. Da bin ich mir sicher. Fang an ein gutes Vorbild zu sein. Wirst du deine Mitmenschen inspirieren und motivieren deren eigenes Massaker zu beenden? Hier zitiere ich an dieser Stelle mit „während andere danach suchen was sie nehmen können, sucht ein wahrer König danach was er geben kann" einen unserer Kindheitshelden. Kommt dir das Gesagte bekannt vor? Das könnte rein theoretisch von Mufasa aus König der Löwen stammen. Wenn du dich veränderst, dann verändert sich (deine Sichtweise auf) die Welt. Also lass uns gemeinsam weitermachen mehr Liebe zu verbreiten, manchmal soll dabei auch schon ein kleines Lächeln helfen :) Versuche auch so für dich herausuzufinden, wie du in jeder Situation ruhig und vor allem voller Zwischenmenschlichkeit agieren kannst. So macht das Leben gleich nochmal deutlich mehr Spaß - deinem Umfeld übrigens auch. Was meinem Monk dabei hilft, das schauen wir uns jetzt gemeinsam an. Auf dem Monk(ey)-Barometer ist das relativ schwierig einzuzeichnen, denn auch hier ist diese Helene Fischer mit ihrer „in meinem Kopf ist eine Achterbahn" wieder vollends am Start. Das trifft es in meinem Fall tatsächlich am besten! Es ist ein auf und ab und auf die Gefahr hin jetzt zu streng zu mir zu sein, atme ich erst mal tief durch. Du siehst, diese Wunderwaffe hilft auch mir. Manchmal erwische ich mich ebenfalls etwas zu emotional zu sein und ich ärgere mich jedes einzelne Mal. Natürlich über mich selbst. Natürlich im Nachgang. Während der Situation bin ich zunächst ein Stück weit überfordert. Ich würde sagen ich befinde mich auch hier auf einem sehr guten Weg zum reflektierten und liebeschenkenden Vollzeitmonk. Ich nutze jeden Anflug von „da hätte ich anders reagieren können" für meine stetige Verbesserung, auf der anderen Seite bin ich froh/stolz meinen (d)anger (englisch für Gefahr bzw. Ärger) immer weniger Macht über mich zu geben. Ob es klappt? Zu 90% tatsächlich und ich arbeite täglich die Lücke zu meinen persönlichen 100% zu schließen - ich bin mir sogar sicher, dass ich sie in naher Zukunft „eintüten" werde. Du kannst es dir so vorstellen: Mein innerer Monk sitzt gerade seelenruhig am Wegrand und nickt mir mit einem zufriedenen Lächeln zu. Meine Monkeys zähme ich in der Zwischenzeit mit einer ziemlich einfachen Waffe: FOKUS - auf mich und auf meine Bedürfnisse. Auf mein WARUM, wenn du so möchtest. Auf Zwischenmenschlichkeit und auf Liebe. Meine Reise durch die Welt hilft mir dabei enorm und während meines Aufenthalts in einem nepalesichen Kloster habe ich mit ziemlichem Erstaunen festgestellt eigentlich sehr nach am Buddhismus dran zu sein. Sprich die Erkenntnis diese Form der Religion eigentlich bereits zu großen Teilen in mein Leben etabliert zu haben. Im Grunde ein Mix aus positiver Psychologie, Mindsettraining, Minimalismus und auch irgendwie ist auch wenig antiker Stoizismus mit dabei. Darüber war ich echt sehr überrascht und wenn man so will habe ich durch dieses Zusammenwürfeln der einzelnen Bausteine meine eigene Weltanschauung bzw. meine eigene Religion gelebt. Manchmal ist das Leben positiv verrückt und ich schmunzle deswegen gerade mindestens genau so vor mich hin, so wie es eben auch mein innerer Monk tut. Bevor ich eine, für mich sehr bedeutende, Reiseerfahrung aus Sri Lanka mit dir teile möchte ich dir noch ein paar Inspirationen mit auf deinen Weg geben.

1. *Finde die Balance: Selbstliebe <-> Nächstenliebe*
2. *Fokussiere dich auf deine Werte und deine Vernunft…*
3. *Höre auf dich selbst und das, was dir dein Bauchgefühl mitteilt.*

-> Manchmal ist da dieses spezielle Gefühl, du kennst es!

4. *Ab jetzt gibt es nur noch Helfer, du weißt mit ihnen umzugehen.*

-> Nutze negative Menschen, um für dich positiver zu werden. Das hilft allen!

5. *Bleib cool, reflektiert und ruhig. Das wird deinem Gegenüber die Angriffsfläche rauben.*
6. *Vergib deinen Mitmenschen. Was nützt dir andauernder Groll? Wenig? Na dann weg damit!*

LOVE IS IN THE AIR

Wir lassen jetzt die eisige Kälte der Negativität hinter uns, steigen gedanklich in ein Flugzeug und begeben uns nochmal auf eine kurze Reise nach Sri Lanka. Natürlich haben wir dabei sehr viele positive

Emotionen und noch mehr Sonne mit im Gepäck - ganz nah dran an der Liebe sozusagen! Dorthin möchte ich dich und deinen inneren Monk entführen und zugleich möchte ich dich eintauchen lassen in eines meiner außergewöhnlichsten Reiseerlebnisse. Also mache es dir bequem, denn es folgen schließlich 30 Grad und ganz viel anderweitige Wärme <3

Warst du schon einmal zwei Monate von deinem Partner getrennt? Also ich rede von einer Situation, in der ihr im alltäglichen Leben unter einem Dach wohnt, es zwischen euch enorm harmonisch läuft und ihr euch durch die gegenseitige Anwesenheit einfach gut tut. Ihr seht euch jeden Tag, genießt die Zweisamkeit miteinander in vollen Zügen und plötzlich kommt der Tag. Jener Tag, der euch beide irgendwie hart trifft. Du hast nämlich schon vor längerer Zeit die Entscheidung getroffen reisen zu wollen, natürlich wohl überlegt und irgendwie auch absehbar. Ziemlich hart, trotz der Vorzeichen - schon für dich und vor allem für dein Gegenüber. Schnell weg mit dieser Tristesse, denn ihr haltet nach der Verabschiedung viel und vor allem sehr liebevollen Kontakt, auch in dieser Art von Fernbeziehung. Also dann, rein ins neue Gefühlschaos. Wieso? Na, nach zwei Monaten ist es soweit und ihr steht kurz davor euch wieder zu sehen. Die Gefühlswelt deinerseits? Irgendwie Vorfreude pur. Die ergänzende Komponente? Chaos pur, mit den ganzen „alles durcheinander bringenden"- Affen, in hoher Stückzahl und mit noch deutlich mehr Emotionen im Reiserucksack.

Als Vorbereitung fliegst du schon früher nach Sri Lanka, du möchtest ja schließlich auf Nummer sicher gehen. Schließlich möchtest du deine Partnerin (sorry für den Wechsel auf die weibliche Form) ja vom Flughafen abholen und vor allem ist dir bewusst, dass sich dein Liebste zum 1. Mal alleine in einem Flugzeug befindet. Langstrecke. Umsteigen in Qatar. Ohne große Englischkenntnisse. Somit weißt du, dass sie so verdammt viele Äffchen im Kopf mit sich herumträgt und da fieberst du natürlich mit. Dann ist da noch dieses Kribbeln, das dir natürlich ebenfalls bekannt ist - zunächst wenn das Flugzeug sinkt und dann natürlich wenn du weißt wer da vor der Eingangstüre der Ankunftshalle am Flughafen von Sri Lanka warten wird. Du versetzt dich in ihre Gedankenwelt hinein und hast viele Arten von „wird schon alles gu gehen"- Gedanken in deinem Kopf. Ganz schön komplex so ein Wiedersehen, zum Glück ist das ganze Prozedere für dich deutlich leichter. Business as usual quasi, denn du holst deine weiblichen Fans täglich direkt vom Rollfeld ab, ist ja ganz klar und absolute Gewohnheit. Ironie beendet. Auch für dich ist es natürlich Neuland und dabei überrascht du dich plötzlich selbst. Du bist nämlich die Ruhe in Person und hast eigentlich nur heftig viele „es ist schon echt verrückt mich so sehr auf sie zu freuen"- Emotionen in dir. Du bleibst enorm cool, fast schon abgebrüht. Du hast ja schließlich schon knapp drei Tage auf der Insel verbracht und daher weißt du bereits wie der südostasiatische Hase hier so hoppelt. Dein innerer Monk ist tiefenentspannt und die Monkyes irgendwo, jenseits deines Kopfes, beschäftigt - vermutlich schmeißen sie sich gegenseitig Kokosnüsse zu... oder was auch immer. Du gehst beruhigt schlafen und wirst dann doch immer wieder wach, denn du möchtest ja irgendwie doch immer mal wieder checken wie weit das Flugzeug schon vorangekommen ist und dabei gibt es zum Glück die tolle flightradar24-App. Die Zeit vergeht auch im Bett wie im Flug und um 03:15 Uhr nachts fährt dich dann der Besitzer des kleinen Hotels zum Treffpunkt. Wie der aussieht? Natürlich wie der Flughafen von Colombo. Während der Fahrt siehst du, dass sie bereits den Live-Standort über WhatsApp mit dir geteilt hat. Was das heißt? Sie ist schon sicher gelandet und das beruhigt dich natürlich noch mehr. Du schickst auch ihr deinen Live-Standort und schließlich kommst du am Flughafen an. Euere Kontaktbilder (am Bildschirm) kommen sich immer näher und dann erhöht sich dein Herzschlag auf einen Schlag immens. Dein Grinsen? Du strahlst. Und wie du strahlst. Dabei entsteht eine Erinnerung, die du im Nachgang für immer in deinem Gedächtnis behalten wirst. Du kämpfst dich langsam in Richtung Eingangstüre durch, bewaffnet mit heftiger Euphorie und immenser Vorfreude. Dann kommt sie plötzlich um die Ecke. Du grinst sie an, wie ein Honigkuchenpferd. Du siehst dabei aus wie ein blutjunger erstmals verliebter Teenager und das ist dir in dem Moment sowas von komplettest egal. Du gehst auf sie zu, erreichst sie und schließt sie erst mal gaaaaaaanz kräftig in deine Arme. Du genießt es voll und ganz, dabei drückst du ihr einen Kuss auf die Lippen. Zugleich realisierst du, als wahrer Gentleman, natürlich das ganze Gepäck und nimmst es ihr selbstverständlicherweise gleich ab. Womit sie sonst noch beladen ist? Das ist weniger greifbar für dich und du brauchst ein wenig um das Ganze zu überblicken. Ihr Gesichtsausdruck sagt dabei viel über die Flugstrapazen aus, im Grunde eine Mischung aus „schön endlich da zu sein" und „ich bin etwas überfordert dich nach zwei

Monaten plötzlich wieder neben mir zu haben." Ist dann doch ganz schön viel für sie, irgendwie fast zu viel hast du den Eindruck. Beim Auto angekommen verstaust du das Gepäck im Kofferraum und sie lässt sich erleichtert auf den Rücksitz fallen, so nach dem Motto „ich bin so enorm froh hier zu sein." Immer noch habt ihr nur sehr wenige Worte gewechselt, denn die Eindrücke sind noch frisch. Zu frisch. Was dabei im Auto mitfährt: Anhaltende positive Stille. Sie überfordert dich, du bist einfach nur glücklich sie neben dir sitzen zu haben. Genau genommen bist du somit auch ein wenig zögerlich, denn wie verhält man sich denn in so einer Ausnahmesituation? Du würdest schließlich gerne all deine positiven Emotionen mit ihr teilen, sofort und auf der Stelle. Auf der anderen Seite bist du natülich empathisch und möchtest ihr die Zeit lassen in Ruhe anzukommen. Ganz schön komplex so ein Wiedersehen also. Was also tun? Du entscheidest dich für den „Gähner"... du weißt schon, dieser Annäherungsversuch, den man eigentlich beim zweiten Date im Kino auspackt. Das klare Signal von „ich würde dich gerne in meinen Arm nehmen und versuche es einfach mal." Ziemlich seltsam das bei der eigenen Freundin anzuwenden, nur hilft es eben in genau dieser Situation. Der Knoten des Emotionsknäuels beginnt sich langsam aufzulösen und so profitiert ihr beide davon. Für dich ist es gleich wieder ein wunderschönes Gefühl deinen absoluten Lieblingsmenschen jetzt für rund vier Wochen an deiner Seite zu haben und dabei einen Teil der Welt mit ihr zu bereisen. Ob sich das Wirr-Warr in ihrem Kopf sofort vollends gelöst hat? Nein. Ob die kleinen aufgeregten Monkeys in ihrem Kopf noch bis zum Nachmittag des ersten gemeinsamen Reisetages allgegenwärtig sind? Ja. Das Gute daran: Dir ist schnell klar, dass es zwischen euch einfach sofort wieder passt. Für euch beide. Auch am anderen Ende dieses schönen Planeten. Eine neue Erfahrung... für dich, für sie und natürlich für euch als gemeinsames Paar - eine hinzugewonnene Erkenntnis voller Zwischenmenschlichkeit und vor allem mit all der gegenseitigen Liebe.

Na, wie war der Kurztrip in den asiatischen Teil der Welt? Diese Frage könnte ich dir natürlich beantworten, nur kannst du dir ja sowieso denken in welche Richtung mein Fazit gehen wird.

Du siehst, sogar in einem Weltreisegedanken, der für meine Freundin am Anfang verstänlicherweise mehr als nur überfordernd bzw. emotional aufwühlend war, gibt es eine positive Komponente für unsere Beziehung. Glaubst du wir sind zuvor viereinhalb Wochen zusammen im Urlaub gewesen? Die Antwort lasse ich offen, ich verrate dabei nur so viel. In rund zwei Monaten folgt Nummer zwei dieser Neuerung. Wir werden auch dann wieder zusammen unterwegs sein, vermutlich wird es dabei auf Vietnam, Malaysia und Singapur hinauslaufen. Nur das zu schreiben lässt meinen inneren Monk vor Zwischenmenschlichkeit erstrahlen und auch hier meinerseits eben absolute Vorfreude und positivste Gedanken natürlich mit von der Partie. Dieses Level an Quality time ist neu für uns und deswegen bin ich schon jetzt gespannt was wir dort erleben werden? Das ist mir Stand jetzt noch ziemlich egal. Was ich sicher weiß? Mit Eva an meiner Seite bereise ich JEDES Land, denn mit Liebe im Gepäck ist es überall schön - hat sogar im hässlich stickigen Mumbai geholfen #dassagteigentlichallesaus. Long story short, wir haben eine atemberaubende Zeit zusammen verbracht. Es war auf Sri Lanka tatsächlich eher Urlaub von der Weltreise, so hat es sich zumindest angefühlt während wir danach durch das westliche Indien gereist sind. Alles gemeinsam, alles mit Zwischenmenschlichkeit, alles mit Liebe und alles eben mit uns. Hört sich schon sehr kitschig an jetzt, so ein bisschen wie aus einem „Rosamunde Pilcher" -Film... oder natürlich eine Episode vom Traumschiff, such's dir aus. Das passt halt eben einfach zu gut zu meiner inneren Gefühlswelt, denn du kennst ja bereits ein kleines Detail über mich - ab und zu bin ich wach und es fühlt sich so an als würde ich das Erlebte träumen. Ich liebe mein Unterbewusstsein dafür und mein Monk feiert es natürlich am allermeisten. Achja, dieses Sri Lanka hat mich/ uns mit absoluten tollen Erinnerungen ausgestattet, das wirst du bereits rausgehört haben. Was dabei interessant ist? Vor allem die Zwischenmenschlichkeit der Einheimischen bzw. dieser herzlichen Inselbewohner mit all deren Wärme und positiver Einstellung werden mir für immer in Erinnerung bleiben. Ich bin für alles in meinem Leben sehr dankbar und genau diese Wertschätzung verbinde ich mit diesem faszinierenden Land. Es gibt einen Grund wieso ich genau das Bild gewählt habe, das die Rückseite des Buches schmückt - ich wollte dort schon echt lange mal hin, sehr lange um genau zu sein. Jetzt habe ich es zusammen mit Eva erleben dürfen, quasi a la „manchmal schreibt das Leben seine eigenen Liebesgeschichten."

„Love is the whole thing. We are only pieces."

- Rumi

VOLLER LIEBE oder LIEBEVOLL?

Na, was fehlt nun noch in diesem Kapitel? Du wirst es vermutlich erahnen, denn wir haben ja bereits mehrere Berühmtheiten ausführlicher durchleuchtet. Jetzt wird es komplexer, scheint zumindest zunächst so. Wieso? Ich stelle dir jetzt nämlich einen weltbekannten Herren vor, der auf den Siddhartha Gautama hört. Ob es der Superstar des indischen Cricket-Nationalteams ist? Nein. Ob er der chilenische Präsidentschaftskandidat für das Jahr 2025 sein wird? Negativ. Ich verspreche dir, du kennst diesen Mann. Bevor ich auflöse warum er dir mit Sicherheit bekannt vorkommt, gebe ich dir ein paar zusätzliche Informationen. Die werden dir helfen zu verstehen wieso geschätzterweise 400-500 Millionen Menschen weltweit zu diesem „Idol" aufblicken. Ganz schön viel mh? Starten wir bei der Geburt, denn die geschieht bereits 2500 Jahre vor diesen Zeilen. Ein Kind wird in Nepal geboren und nach den meisten überlieferten Quellen stammt es aus einer enorm reichen Familie. Der Junge ist besonders. Ich weiß was du jetzt denkst... vermutlich geht es in die Richtung von „natürlich ist er das, denn die Aussage kommt bestimmt von seinen überbehütenden Helikoptereltern, die so viele dieser Hochbegabtenprognosen von sich geben." Hier ist es ein wenig anders. Ein wenig philosophischer, um's genau zu nehmen. Laut Anekdoten sind auf allen Wege, die der Bursche beschritten hat, bunte und vielfältige Blumen gewachsen. Der „Besondere" scheint also wirklich einzigartig zu sein. Aus diesem Grund schützen ihn seine Eltern von da an, aus heutiger Sicht ein wenig zu sehr - sie sperren ihn nämlich zu Hause ein und lassen zuvor noch die Zukunft ihres Sprösslings von den verschiedensten begabten Wahrsagern voraussagen. Also eine etwas andere Form der Liebe, die diesem Überfliegerjungen damit zu Teil wird. Spätestens hier hätte ich meine Erzieherpflicht erfüllt und das Jugendamt informiert, Betreff Kindeswohlgefährdung. Das Ziel des „Hausarrests" ist dabei nämlich den Jungen vor allen Formen des Leids (Krankheit, Armut, Tod...) fernzuhalten. Was passiert bekanntlichermaßen, wenn Eltern einem Kind etwas vorenthalten? Wir wissen es alle irgendwie bzw. wir können es uns denken, denn natürlich will der Junge jetzt erst Recht herausfinden wie die Welt so tickt. Er will diese Dinge mit seinen eigenen Augen sehen. Es folgt harsche Ernüchterung bei ihm und ziemiche Überforderung stellt sich bei Siddhartha ein. Er sucht sich daher den nächstbesten Baum, versucht die Eindrücke zu verarbeiten und wird dabei erleuchtet. Ab diesem Zeitpunkt kennen ihn die Menschen in seinem Umfeld als Buddha, wörtlich übersetzt als der Erwachte bzw. Erleuchtete. Spätestens jetzt dämmert was bei dir, stimmt's? Ich hatte Recht, dass du sicherlich ein bisschen was mit diesem Namen anfangen kannst - dich absichtlich etwas zu verwirren war nur viel zu verlockend für meine inneren Monkeys zudem ziemlich lustig. Was genau hat Buddha eigentlich erleuchtet? Im Grunde hat er sich *Gedanken* über seine *Gedanken* gemacht und durch diesen Fokus im Grunde die Methode der Mediation für sich entdeckt. Über das Finden seiner inneren Mitte spricht er mit seinem Umfeld und so verbreitet sich die Lehre des Buddhismus quasi von selbst. Auch nach seinem Tod, der vermutlich auf eine Lebensmittelvergiftung zurückzuführen ist, wird der Grundgedanke dieser Mischung aus Religion, Philosophie und Lebenseinstellung weitergegeben. Das Ziel dabei? Die Erleuchtung. Die Mittel und Wege? Das Wissen über die Lehre des Buddhismus (wird als Dharma bezeichnet) verbreiten, den Fokus mit Hilfe von Mediation (Ruhe/Fokus/Konzentration) auf sich selbst richten und zwischenmenschliche Werte (gut sein zum Umfeld, egal ob Mensch oder Tier) in die Welt tragen. Ob Buddha dabei als Gott fungiert? Nein, denn laut Definition ist es für alle Anhänger dieser Weltreligion möglich jeweils als Buddha erleuchtet zu werden. Hier treffen es drei Zitate zu den Grundpfeilern des Buddhismus wohl am besten…

„True love is born from understanding."
(VERSTÄNDNIS)

„The greatest prayer is patience."
(GEDULD)

„Love the world as a mother loves her only child."
(LIEBE)

Oder auch als Ansatz der positiven Psycholgie erklärt, den ich an dieser Stelle natürlich auch mit dir teilen möchte:

„Your mind is a powerful thing. When you fill it with positive thoughts, your life will begin to change for the better."

- Buddha

Es handelt sich beim Buddhismus um eine dynamische Religion, denn sie wird im Grunde ständig an aktuelle Geschehnisse angepasst. Wenn man hierbei Kritik einstreuen möchte, könnte man diese Religionsanschauung möglicherweise als „zu schwammig" ansehen, nur richten wir unseren Fokus an dieser Stelle lieber auf die Inhalte des Buddhismus und die damit verbundene Bereicherung für die Gläubigen. Für diesen Weg habe ich mich jedenfalls entschieden, ohne es überhaupt großartig zu bemerken - vielleicht wurde diese „Weltanschauung" schließlich genau durch diese angsprochene Zeitlosigkeit zur viertgrößten Religion der Welt?! Vor allem die zentrale Frage „wie kann man die eigene Reinheit aus eigener Willenskraft erreichen?" stellt hierbei die Weichen für weitere Ansätze, für die sich Anhänger des Buddhismus begeistern. Beinahe so wie dieser JEMAND in unserem Kopf, der ganz genau weiß wie man diese innere Lampe anknippst und somit zur Erleuchtung gelangt - unser MONK!

Er sagt	***JA***	zu Zufriedenheit mit sich selbst.
Er sagt	**NEIN**	zu jeglicher Form von Gewalt.
Er sagt	***JA***	zum „Loslassen" von Erwartungen.
Er sagt	**NEIN**	zu überschwenglichem Konsum.
Er sagt	***JA***	zu vollkommener Liebe.

Du hast inzwischen ein Bild vom bekanntesten charismatischen Buddhisten im Kopf. Du weißt schon... der mit diesem überaus zufriedenen Lächeln, dieser enorm wohlwollenden Ausstrahlung und der kahlgeschorenen Frisur. Jeff Bezos? Nein, der war an anderer Stelle Teil des Buches. Ich rede natürlich vom Dalai Lama, der zum weltweiten Aushängeschild des tibetischen Buddhismus geworden ist. Er stellt derzeit das geistige Oberhaupt dieser Weltanschauung dar und glänzt mit eben dieser zufriedenen wohlwollenden Wärme. Du wirst dir ihn, die orangefarbigen Roben, die prunkvollen Tempel inklusive der farbenfrohen Gebetsfahnen gedanklich vorstellen können und dir deine eigene Meinung zu dieser Weltreligion bilden - ob schon geschehen oder zukünftig ist dabei weniger entscheidend. Ich hoffe lediglich du reflektierst die Werte des Buddhismus für dich, ganz in Ruhe versteht sich und genau in dem Maße wie es eben zu dir passt. So manch enthaltene Anschauungen wie die Widergeburt als Ratte/Spinne oder in das Nirvana aufzusteigen etwas zu weit hergeholt, für mich zumindest. Wie du drüber denkst, das bleibt dir natürlich selbst überlassen. Bei der Bedeutung des Karmas sieht es bei mir zumindest komplett anders aus, das hatten wir ja bereits in vorherigen Kapiteln als Inhalt. Im Grunde beeinflussen wir damit den Verlauf unseres Lebens und nehmen unser Schicksal in die eigenen Hände, das wissen wir bereits. Ob man dabei die Ganzheit der Werte des Buddhismus lebt oder einen kleinen Teil dieser Philosophie für sich nutzt, das bleibt dir selbst überlassen. Den Fokus auf dich zu legen und Vergleiche bei Seite zu schieben ist dabei eine gute Idee. Auch der Ansatz „Wer tut mir gut? Wer zieht mich zu Boden?" macht absolut Sinn, denn die intuitive Antwort wird dir dabei behilflich sein. Gestützt wird das ganze Konstrukt von der Annahme selbst ideal zu sein und somit die Welt noch besser zu machen. Ob das klappt? Na hoffentlich ;)

Jahrelanges Training, auch bekannt als Entscheidungen, machen uns zu dem *WAS, WIE* und *WER* wir sind. Mit Karma und ohne. Mit Zwischenmenschlichkeit und ohne. Mit Liebe…

„Give, even if you have a little."
- Buddha

KAPITEL ACHT

GLUECK

„Sometimes it's the journey that teaches you a lot more about your destination."

- könnte ein Reisender gewesen sein

Mittlerweile bist du ja ein erfahrener Hase und weißt somit wie dieser durch das Buch hoppelt. Du bist ein wahrer Experte in Imaginationsrunden und genau eine solche starten wir jetzt zum letzten Mal. Also, Kaffee oder was auch immer zur Hand? Soll ja schließlich wieder entspannt werden - wir gehen nämlich gemeinsam in den Zoo. Bereit? Gut, dann können wir ja loslegen.

Es ist ein wunderschöner Tag und die Sonne hat bereits am frühen Morgen ihre warmen Fühler über die Erde ausgebreitet. Es hängt bodendeckender Nebel in der Luft. Dabei entsteht ein mystischer Eindruck deiner kompletten Umgebung, soweit dein Auge reicht. Das lädt dich direkt zum Erkunden ein und auch die Intensität der Sonne steckt dich mit dieser gewissen Energie an. Das hilft dir beim Wachwerden, denn schließlich schlafen die meisten Menschen noch friedlich in ihren Bettchen. Du dagegen wirst ganz von selbst wach, denn du freust dich auf alles was der Tag mit sich bringen wird. Es geht ja schließlich in den Zoo und das alleine lässt ein breites Grinsen auf deinen Lippen erscheinen. Nach einem kurzen Frühstück geht's auch schon los und du machst dich zu Fuß auf den Weg zu deinem Ziel, dem Zoo. Du möchtest schließlich früh dort sein und zum Glück taucht die Lokalität auch schon gleich vor dir auf. Du überlegst dir welche Tiere du wohl heute sehen wirst... Sind es Affen, vielleicht Pinguine oder sogar Eisbären?! Wer weiß wer sich von den Kreaturen so alles blicken lässt. Eigentlich ist es dir egal, denn du freust dich einfach auf jede Variante von Tier - es ist das 1. Mal in diesem Zoo und so bist du einfach gespannt was auf dich zukommt. Dort angekommen kaufst du dir ein Ticket und gehst mit einem „jetzt geht's los" -Lächeln in Richtung Eingangstor. Es sind schon einige Leute dort, trotz oder vielleicht gerade wegen der frühen Stunde. Alle haben gute Laune, dafür ist ja ein Zoo irgendwie auch da oder? Du bemerkst plötzlich an einer Weggabelung ein Schild, auf dem Krokodile, Nashörner und sogar Tiger abgebildet sind. „Coole Sache" geht dir dabei durch den Kopf und du entscheidest dich nach kurzem Überlegen dem Schild zu folgen. Nach einigen entschlossenen Schritten erreichst du dein Ziel... nur irgendwas fehlt?! Wo sind denn die Tiere? Auf diesem Wegweiser sind doch all diese faszinierenden und exotischen Kreaturen abgebildet. Was ist da los? Es macht dich neugierig und du beschließt dem Ganzen auf *den Grund zu gehen. Es befindet sich ja schließlich ein riesiges Gehege vor dir, also riesig riesig. Du bist dort mittlerweile sogar alleine, die anderen Menschen sind wohl gerade im Streichelzoo oder wo auch immer. Du hingegen entdeckst einen langen Fluss im Gehege, der an den Seiten eine breite Sandbank mit sich bringt. Zudem ist ein kleiner Steg zu sehen, an dem ganz außergewöhnlich ein Ruderboot angebunden ist. Hölzern, vier Meter lang und irgendwie in echt aufregender Indiana-Jones-Optik. Auch das Komplettbild an sich erinnert dich an eine Mischung aus Jurassic Park und dem Dschungelbuch. Auf einmal packt dich deine geballte Abenteuerlust und du hüfpst ohne groß zu überlegen über die Absperrung. Direkt und mit schnellem Schritt gehst du zum Boot, schließlich willst du die Gunst der Sekunde für dich nutzen. Du entknotest gekonnt das festgebundene Seil, steigst ins Boot und ruderst direkt los. Neben dem Nebel, der sich langsam aufzulösen scheint, liegt Anspannung in der Luft. Du bist nervös, du bist neugierig und dein Ar**** geht dir plötzlich dermaßen auf Grundeis. Warum hörst du sofort intuitiv auf zu rudern? Was ist los? Dir stockt der Atem. Eine Sandbank taucht vor dir auf. Alles gut soweit… nur liegt auf diesem Abschnitt eben ein Krokodil. Mindestens drei Meter lang und somit fast so groß wie dein eigenes Boot, in dem du dich befindest. Du atmest immer noch langsamer, die Zeit scheint sich automatisch zu verlangsamen und du versuchst dich so still wie nur irgendwie möglich zu verhalten. Der Grund? Das riesige Viech schaut ziemlich badass aus und seltsamerweise chillt es irgendwie auch nur in der Morgensonne, komisch zu beschreiben. Was wenn es doch einen kleinen Snack am Morgen verschlingen möchte? Deine Gedanken mit all deinen Monkeys sind sofort da. Panisch. Und sie toben, wild und mit voller Intensität. Du sitzt da wie versteinert und hoffst einfach nur, dass dieses große Geschöpf dort friedlich liegen bleibt…*

Eine aufregende Bootstour, gibst du mir Recht? Atme erst einmal tief durch. In der Zwischenzeit ergänze ich eine wichtige Info, denn ich habe dich gerade mit nach Nepal genommen. Genauer gesagt nach Chitwan. Du wirst dir jetzt vermutlich „klar Chitwan, sag das doch gleich" denken, kleiner Scherz am Rande des Ufers. Es ist eine Gegend im Süden von Nepal, in dem vor allem der gleichnamige Nationalpark sehr bekannt ist.

Das mit dem Zoo vergessen wir also wieder und ersetzen das Szenario mit einem freien Naturreservat. Dort ist es nämlich möglich eine Fluss- und Wandersafari zu buchen und genau auf diese Erlebnisreise wollte ich dich soeben einstimmen… Es hat funktioniert? Gut, denn ich möchte dieses Erlernis weiterhin mit dir teilen. Das Ganze kam für mich so vollkommen surreal um die Ecke, wie du es dir nur irgendwie ansatzweise vorstellen kannst. Warum ich das hier, genau an dieser Stelle, ins Buch einbaue? Es gibt Tage, die definieren sich für mich durch ihre eigene Besonderheit. Sozusagen durch das was ich an genau solchen Tagen erleben darf. Ich spreche von so purem Glück, Lebensqualität hoch zehn gepaart mit „diese Welt ist einfach so wunderschön." Ich rede in diesem Fall von einem zusammenhängenden Ereignis, das sich am Ende des Tages nach dem Inhalt von zwei bis drei Tagen anfühlt. Ich liebe solche Tage und das damit verbundene Gefühl das Erlebte während des Sonnenuntergangs in Ruhe Revue passieren zu lassen. Einfach magisch. Das ist für mich (unter Anderem) pures Lebensglück.

Jetzt stellst du dir vermutlich die berechtigte Frage was den Tag denn nun so besonders gemacht hat. Wir rudern dafür mal zurück zum Steg. Dort ging es nämlich tatsächlich los. Das Boot? Vier Meter lang und vorne wie hinten mit einem Touristenführer ausgestattet - jeweils mit einem eineinhalbmetrigen Holzstock bewaffnet, für den Fall der Fälle. Dazwischen sitzen eine dreiköpfige deutsch-spanische Familie und ich. Der Fluss und der abziehende Nebel am Morgen, das war tatsächlich absolut magisch. Sozusagen die Art von besonders, dass eigentlich nur noch die Stimme von David Attenborough gefehlt hätte. Total Idylle und absolute Ruhe, bis auf diese tollen Morgengesänge der exotischen Vogelvielfalt. Das riesige Krokodil hat wirklich so nahe neben dem Boot die Morgensonne genossen. Und dann ging es tatsächlich sehr schnell. Zu zügig für (fast) alle Beteiligten, wenn du so willst. Denn während der Stromschnelle, die wir durchquert hatten wird es für kurze Zeit sehr hektisch im Boot. Wir knallen mit der rechten Seite des Gefährts an einen herausstehenden Baum. „Alles gut gegangen"… dachte ich. Das Szenario war ein wenig dramatischer, denn unser Steuermann am hinteren Teil des Bootes ist bei unserem Manöver tatsächlich ins Wasser gefallen. Verrückt oder? Ich meine da ist mal eben so ein „verdammt ist das riesig"- Viech geschätzte vier Meter von uns entfernt. Bis ich das alles realisiert habe war unser Steuermann zum Glück schon wieder mit an Board. Das hätte schnell auch komplett anders ausgehen können.

Ziemlich viel Action bereits so früh am Morgen. Die Sonne steigt höher und höher, gewinnt immer mehr an Intensität. Dabei fahren wir gerade mal 30 Minuten flussabwärts und begegnen auch hier zahlreichen weiteren Krokodilen. Diesmal eher die kleinere Exemplare. Dann legt das Boot an und wir steigen aus. Tour beendet? Weit gefehlt. Wir befinden uns nämlich am Rande eines Waldes - das Wissen, dass dort all diese „wir finden sie normal nur im Zoo" -Tiere beheimatet sind, ist natürlich währenddessen im Hinterkopf. Es folgt eine kurze Sicherheitseinweisung und im Nachgang schmunzel ich wirklich darüber, denn im Grunde hatte das Sicherheitsbriefing eine gewaltige Lücke. Unser Tourguide hat uns zwar erzählt wie man sich bei einem Nashorn- oder Elefantenangriff verhalten sollte, nur was machen wir denn bitte wenn wir tatsächlich auf einen Tiger treffen? Zick-Zack-Laufen durch die Bäume (wie beim Abschütteln eines Elefanten) wird dabei vermutlich eher weniger helfen, um den Verfolger abzuschütteln. Super oder? Vollkommen überfordert haben wir diese Frage irgendwie komplett vergessen. Danach schon witzig, davor eigentlich eher aus der Kategorie „super naiv." Naja, es ist ja alles gut gegangen - Glück gehabt, wenn man so will. Am Vormittag ist es eher ein „wir lesen die Fährten der Tiere" -Gesuch, denn es sind tatsächlich sehr sehr viele Tierspuren in unseren Umgebung zu sehen. Dabei stoßen wir immer wieder auf die Fährten vieler Rehe, einiger Nashörner und eben auch von mehreren Tigern. Die Tatsache Tigererbrochenes inkl. einem halb verwesten bzw. verdauten Ohr der Beute zu betrachten lässt mich spätestens hier bemerken, dass ich mich hier TATSÄCHLICH im Wohnzimmer der Tiere befinde. Vollkommen verrückt und abgefahren zugleich... Ich bin nach wie vor im konstanten Monkeys-Gedankenchaos aus „wäre schon cool eines dieser majestätischen Tiere live zu sehen" und der intensiven Frage so nach dem Motto „wie nah ist es denn in Ordnung, das die Könige des Waldes an uns herankommen?", die mir abwechselnd durch den Kopf gehen. Ich meine wir reden hier schließlich immer noch von wilden Tieren. Das ist somit ein komplett neues Terrain, das ich hier betrete. Mein Monk hat mir auch des Öfteren „hab Vertrauen, wird gut gehen, da bin ich mir sicher" zugeflüstert und er sollte dabei Recht behalten. Bis zur Mittagspause sehen wir noch mehr Tierspuren und einige Rehe. Wieder ein Mix aus ein wenig Enttäuschung und auch irgendwie Erleicherung. Gebratener Reis mit 20 sonnenanbetenden Krododilen, die es sich am entfernten Flussufer gut gehen lassen, entschädigen da direkt. Ich genießes es sehr diese Geschöpfe in aller Ruhe mit dem Fernglas zu beobachten - auch das ist schon wieder echt cool. Nach einer Weile brechen wir wieder auf und was dann kommt, das ist immer noch fernab von jeder Vorstellungskraft - obwohl ich es selbst erlebt habe. Hast du schon mal ein Nashorn in freier Wildbahn gesehen? Eines das in Ruhe vor sich hinschmatzend in einer tiefblauen Lagune mit saftig grünen Seerosenblättern plantscht und dabei fünf Meter von dir entfernt steht? Einfach nur WOW sage ich dir und genau in diesem Maße habe ich das eben auch genossen. Für mich ist es das erste Erlebnis dieser Art und diese Erinnerung werde ich für immer als Erinnerung behalten. Oder würdest du einen tieferen Blickkontakt mit einem riesigen majestätischen Tier wie diesem jemals vergessen? Ich stelle dir noch ein paar Fragen dieser Art, dass du ein Gespür dafür bekommst wie dieser Tag sonst noch so verlaufen ist. Hat dich schon mal eine schwer bewaffnete Militärpatrouille, die offensichtlich auf der Jagd nach Wilderern durch eben jenen Wald ist, auf einem Waldspaziergang begleitet? Hast du einen solchen Pfad schon mal betreten, während ein weiteres Nashorn hundert Meter von dir parallel zu dir friedlich durch den Wald streift? Kurz angemerkt: Dieses Szenario würde auf jeder Kinoleinwand dieser Welt ein heftiges Staunen im Publikum auslösen. Hast du schon mal eine Tigerspur genauer inspiziert und dabei die „Großkatze" tatsächlich erschnuppern können? Das ist alles an sich schon total abgefahren und natürlich in der Summe ganz schön viel Stoff zum Reflektieren. Positiv verrückt versteht sich. Ich meine es leben dort rund 170 Tiger und ich sage dir eins... die Anspannung, wenn der Tourguide langsamer wird und offensichtlich etwas entdeckt hat. Einzigartig. Im Grunde auch wirklich schwer das Überhaupt in Worte zu fassen. Ich versuche es trotzdem und stelle dir jetzt noch zwei weitere Fragen. Hast du schon mal einen Weg gewählt und wurdest dabei von einer externen Personen gefragt, ob du diesen wirklich gehen willst? Der Ratschlag beinhaltet eine „hier hat heute Vormittag ein riesiger wilder männlicher Elefant Touristen um ihr Leben laufen lassen. Also überlegt euch lieber, ob ihr hier wirklich entlang laufen wollt" -Sequenz. Glaub mir, in dem Moment hintefragst du was du da gerade tust. Und zu guter Letzt, hast du zudem schon mal eine Fahrt auf der Ladefläche eines Kleintransporters durch ein kleines nepalesisches Provinzdörfchen gefahren und dabei hat das 3. Nashorn des Tages deine Aufmerksamkeit erregt? Es schlendert ruhig und komplett tiefenentspannt die Hauptstraße entlang und du denkst dir wieder einmal: „Was habe ich bitte für ein Glück das alles erleben zu dürfen?!"

Wieso schildere ich dir genau diesen Tag? Vor allem wirst du dich fragen warum ich ihn dir in all dieser Ausführlichkeit schildere, habe ich Recht? Du kennst mich mittlerweile. Von einem Ego-Push in Form von „Boa, der Typ is ja wirklich bewundernswert" bin ich (mittlerweile) zum Glück ganz weit entfernt - meinem inneren Monk sei Dank. Die Intention dahinter ist anders. Ich möchte dir ein Gefühl dafür vermitteln für was ich lebe, was ich dabei liebe und welche Emotion mich immer wieder auf's Neue fasziniert. Es ist dieser „was war das bitte für ein mega Tag" -Gedanke während der Tag langsam zu Ende geht. Für solche Tage lebe ich, ganz egal wo das auf dieser Welt der Fall ist, ob in Nepal oder in Deutschland. Ich weiß wie gut mir genau das tut, was mich dabei glücklich macht und ich bin sehr dankbar diesen Weg für mich gefunden zu haben. Wie mein Monkeys-Barometer bzw. meine Glücksskala aussieht, das kannst du dir an dieser Stelle selbst beantworten. Ich versuche einfach jederzeit das zu hinterfragen was mich gerade erfüllt und einige Antworten darauf habe ich bereits intus - andere sind dabei noch ein wenig vernebelt. Mit ein wenig positiven und reflektierten Gedanken erreiche ich innerlichen Sonnenschein, für meine Gefühlswelt und vor allem für mich. Mein Monk sitzt sozusagen seelenruhig in seinem Boot, rudert langsam vor sich hin und erreicht immer mehr dieser Glückshorizonte. Das zu erleben fasziniert mich, vor allem während meiner Reise und natürlich auch im „normalen" Alltag… dazu komme ich später noch etwas ausführlicher.

„Do more of what makes you happy."

- eine Frohnatur

Wie ist dein Monk(ey)-Stand?

- *Genießt du deine Zeit (Stunden, Tage…) bewusst?*
- *Weißt du was dich konkret glücklich macht?*
- *Lebst du* ***DEIN*** *Leben oder das deiner Mitmenschen?*

Monk

Das Barometer füge ich dir dieses Mal ganz bewusst vertikal statt horizontal ein. Der Grund ist eigentlich ziemlich simpel, denn wahres Glück hebt uns meiner Meinung nach auf neue (emotionale) Ebenen. Die einzige Grenze, die wir hierbei haben sind *wir selbst* bzw. unsere destruktiven/limitierten Gedanken. Diese hindern uns daran unser Potential vollends auszuschöpfen. Stell dir hier als Visualisierungshilfe einfach vor, dass du mit deinem Monk zusammen im Boot sitzt und ihr gemeinsam die Glücksruder in der Hand haltet - einmal in neue Glückshorizonten vorgedrungen wirst du immer mehr davon wollen… Nimm dir deshalb unterwegs die Zeit darüber nachzudenken was genau du wirklich willst, denn die entscheidende Frage dabei ist doch die: Sind wir wirklich zu einem gewissen Zeitpunkt *„genug glücklich?"* Wieso sollten wir ein Endprodukt anstreben, das wir in den allerseltensten Fällen erreichen werden? Falls wir es überhaupt schaffen können?! Dabei ist das Glück ja auch noch so individuell, enorm abstrakt und irgendwie somit auch wenig greifbar für uns. Also wie definieren wir unser Glück denn eigentlich? Hier gibt es wieder einmal tausende von Definitionen, nur möchte ich eine dieser Beschreibungen hier mit dir teilen.

Monkeys

GLÜCK = VORBEREITUNG + MÖGLICHKEIT

Mit Vorbereitung meine ich in diesem Fall weniger das stupide Erwarten von Glück in Form von „ich hab's einfach verdient glücklich zu sein", sondern vielmehr das Streben nach Glück. Ganz nach dem Motto „ich weiß was mir gut tut, baue davon mehr in mein Leben ein und halte Ausschau danach." Das Ganze hätte ebenfalls Teil von Kapitel drei (Entscheidungen) werden können, denn auch hier steht deine eigene Entscheidung dafür bzw. dagegen im Vordergrund. Auch Kapitel eins (Vergleiche), gepaart mit all den zerstörerischen Erwartungen hast du bestimmt noch im Hinterkopf.

„When you have expecations,
you're setting yourself up for disappointment"
- Ryan Reynolds

Möglichkeiten glücklich zu sein gibt es in Hülle und Fülle, deshalb frage ich dich anders. Kennst du die Chancen, die dich deinem wahren spezifischen Glück näher kommen lassen? *Kennen* bzw. *für dich erkennen* sind dabei zwei verschiedene paar Stiefel, ebenso wie das *Begreifen* und dem eigentlich logisch verbundenen *Greifen* danach. Den Glücksbegriff also zu kennen stattet uns mit potentieller Macht aus. Wenn wir diesen Einfluss für uns zu nutzen wissen, dann kommen wir den höheren Glücksebenen schon näher - du erinnerst dich ja an die neue Form der vertikalen Skala ;)

IMMER AUF GLEICHER HÖHE

Vorbereitung und Möglichkeit - Das erinnert mich irgendwie ganz stark an Fußballsprache. Wenn wir dann noch Glück mit reinnehmen, dann kommt mir persönlich der „Duselbauer" per se in den Sinn. Wie heißt der Typ nochmal, der mit seinen Storchenbeinen so enorm gut Fußball spielt? Richtig, Thomas Müller. Du kennst ihn vermutlich, ganz egal wie sehr du ein informierter Fußballromantiker bist oder du vielmehr zum Team „wie war das mit dem Abseits nochmal?" gehörst.

Thomas Müller ist Weltmeister, hat zwei Mal die Champions League gewonnen und zudem so dermaßen viele nationale Titel abgeräumt. Denkst du das ist der Grund wieso ich genau ihn in das Buch aufgenommen habe? Du ahnst die Antwort bereits. Ich möchte hier weniger den Sportler Müller durchleuchten, denn da hätte er bei dem Nachnamen im historischen Vergleich ohnehin riesengroße Konkurrenz, sondern mich umso mehr auf den *„Menschen Thomas"* konzentieren. Wir legen also den Fokus mehr auf seine Persönlichkeit und die Werte, die er auf und neben dem Platz vertritt. Ich stelle quasi sicher, dass die Informationen aus dem Netz auch in deinem gedanklichen Netz landen und dein know-how über Fußball in deiner internen Schublade verbleiben kann - wenn überhaupt vorhanden ;)

Zunächst kommt mein eigener Nationalstolz wieder ein wenig durch, denn 1989 kommt Thomas Müller im schönen Bayern zur Welt. Zwischen dem Starnberger See und dem Ammersee wächst er zusammen mit seinem Bruder Simon auf und wird bereits da von allen Seiten als bodenständiger und waschechter Bilderbuch-Bub beschrieben. Er gibt sein Taschengeld für Micky-Mouse-Hefte aus, entdeckt schon früh das bayerische Kartenspiel „Schafkopf" für sich und bei der Schulaufführung glänzt er auch mal in der Rolle des Karl Valentin.

Sein Heimatclub TSV Pähl erkennt ziemlich früh, dass der junge Thomas ganz schön was auf dem Kasten hat - sportlich versteht sich. Er ist enorm talentiert, darüber sind sich im kleinen bayerischen Provinzdörfchen alle sehr schnell einig. Er ist in seinem Element, wenn er sich auf dem Platz entfalten kann und das bemerken auch die Talentscouts eines gewissen großen deutschen Vereins ziemlich bald. Zu dieser Zeit ist er gerade zehn Jahre alt und wir wissen ja irgendwie alle, dass er nach wie vor für den gleichen Verein kickt - auch in diese Treue zu seinem Arbeitgeber könnte man hier bereits ein wenig Wertung legen, das sagt ja schließlich einiges aus. Oder wie lange bist du schon bei deinem Arbeitgeber? Vermutlich nach deinem 10. Lebensjahr, stimmt's? Diese Konstanz spricht auf alle Fälle für Thomas Müller. Hat ihn seine Laufbahn als Fußballspieler auch menschlich geprägt? Ja, definitiv. Er zeigt Geradlinigkeit, auf und neben dem Rasen. Als Fußballer und vor allem als Mensch. Vorlagen gefällig? Ich sage nur so viel: Auch hier hat die Recherche mal wieder ordentlich Spaß gemacht und mir viele Lachattacken beschert. Ich hoffe dir geht es ähnlich, alternativ hast du einfach das schelmische Spitzbubenlachen von Thomas zu googeln - das könnte dann ebenfalls Abhilfe schaffen. Das alleine ist bereits Königsklassenniveau! Wenn man dann noch die folgenden Videos, die ich gleich mit dir teilen werde, von ihm kennt, dann ist das die perfekte Vollendung von Authentizität und Lebensfreude.

VIDEO NUMMER EINS: Thomas kommt am Flughafen an und eine Schar von Journalisten wartet dort. Er hat anscheinend nur so semi Bock auf Interviews, also was macht er dabei? Er hält sich seinen Reisepass ans Ohr, tut dabei so als würde er telefonieren und bringt dabei alle Reporter zum Lachen - auch ihm entweicht dabei ein leichter Schmunzler.

VIDEO NUMMER ZWEI: Seine Teamkollegen sind gerade mitten unter einer Trainingseinheit, sie lassen dabei einen Ball hin- und herzirkulieren. Was hat Thomas dabei im Kopf, um ein wenig Lockerheit zu verbreiten? Er schnappt sich ein Megafon, läuft zum laufenden Spielchen seiner Kollegen, angelt sich den Ball von ihnen und kommentiert derweil lautstark seine eigenen Aktionen. Im Anschluss schiebt er die Spielkiugel voller Euphorie ins leere Tor und jubelt daraufhin natürlich ausgiebig. Das Ganze betreibt er mit solcher jugendlicher Leichtigkeit, dass seine Mitspieler über seine Torerzielung nur leicht lächelnd und mit überraschter Verwunderung den Kopf schütteln.

VIDEO NUMMER DREI: Herr Müller steht vor der Stalltür eines Pferdes (kurze Anmerkung: seine Frau Lisa reitet regelmäßig auf Wettkämpfen und Thomas begleitet sie des Öfteren dorthin) und ahmt das Tier minutenlang nach. Dabei hebt er sein rechtes Bein und das Pferd tut es ihm gleich. Oder umgekehrt, denn die Nachahmung findet ja irgendwie auch gegenseitig statt.

Du siehst an diesen drei banalen Beispielen eine Sache ganz deutlich: Er hat Spaß und Freude an dem was er tut, er bleibt sich dabei stets treu und sein Verhalten wirkt dabei sehr sehr authentisch. Er ist einfach er und trotz seines Erfolgs wirkt er einfach als wäre er am Boden der Tatsachen geblieben. In einem solchem Fall finde ich Instagram (Thomas hat zehn Millionen Follower) echt hilfreich, weil er mit seinen Inhalten etwas bewegt. So geht es mir zumindest und genau aus diesem Grund schmücke ich ihn und seine „ich bin so wie ich bin" -Mentalität hier in diesem Kapitel ein wenig aus. Die zeigt er natürlich in seinem Job als Profisportler. Er fühlt es, er lebt es und dabei schauen wir uns jetzt den Fußballer Thomas Müller noch ein wenig tiefgründiger an. Er versprüht nämlich auch dort absolute Energie, ist stets präsent und beschreibt in einer seiner Aussagen „eine Reise mit tollen Erlebnissen und Menschen, die mir auf diesem Weg begegnen." Diese Sichtweise, inklusive der Wertschätzung und seiner Dankbarkeit darüber, sagen menschlich enorm viel über ihn aus. Und natürlich sprechen seine Worte allgemein Bände über seine Karriere, die er mit enormer Leidenschaft, vollem Einsatz, absolutem Siegeswillen, Führungs-/Teamplayer- und Nehmerqualitäten verkörpert.

„Zweiter samma. Das besteht ja aus zwei und weiter!"
- Thomas Müller

Ich meine wer verliert gerne zwei Champions-League-Finalspiele in drei Jahren? Das zu erleben stachelt ihn zu seiner eigenen Bestleistung an, vor allem in kämpferischer Hinsicht. Ab und zu ist sein Gegner dabei sogar eine Trainingsjacke, auch hiervon gibt's ein Video auf YouTube und es macht ihn irgendwie gleich noch sympathischer. Mit all seinen Attributen hat er sich zum Publikumsliebling in München, zur weltbekannten Legende des Sports und zudem zu einem der erfolgreichsten Sportler Deutschlands gemacht. Wer im Jahr des Triumphes (Bayern gewinnt 2013 die Champions-League) die meisten Tore des Wettbewerbs geschossen hat? Wer vor allem in Barcelona mittlerweile ziemlich gefürchtet ist? Wer die meisten Tore des Turniers erzieht hat als Deutschland sich 2014 zum Weltmeister gekührt hat und uns somit im Grunde eine Vielzahl an Autokorsos geliefert hat? Mit diesen Fragen möchte ich dir ein Gespür dafür vermitteln was er aus sportlicher Sicht erreicht hat. Zugegebenerweise finde ich es natürlich vor allem als Fußballfan extrem beeindruckend und so hoffe ich du kannst auch ohne große Vorliebe des gepflegten Rasenballsports dem Ganzen etwas abgewinnen. Vielleicht kannst du dich ja für das Reiten begeistern, denn auch in dieser Sportart gibt Herr Müller eine echt gute Figur ab. Oder natürlich auch für den Golfsport, denn dort zeigt Thomas Jahr für Jahr vollen Einsatz für gemeinnützige Zwecke (Young Wings-Stiftung) während er gemeinsam mit anderen Prominenten Benefizspiele organisiert und bestreitet.

Er ist eine lebende Legende, ist mittlerweile DER Rekordspieler des FC Bayern München und lässt mich mal wieder mit Erstaunen erkennen was möglich ist, wenn das innere Wertesystem stimmt und wo der sprichwörtliche „Tunnel" (Fokus) hinführen kann. Manchmal ist dieser Gang eben in der Allianz-Arena verbaut und es handelt sich um den Spielertunnel, der auf das Spielfeld führt. Bei ihm wirkt alles so locker, wenn er aus den Katakomben kommt. Er lässt es im wahrsten Sinne des Wortes einfach aussehen und diese Gewohnheit empfinde ich als ansteckend. Thomas inspiriert mich, denn im Grunde erarbeitet er sich sein eigenes Glück - vor allem auf dem Spielfeld. Oder habt ihr das Gefühl er hat schon mal absichtlich ein Tor erzielt? ;) Kleiner Scherz von der Seitenlinie, der eigentlich trotzdem ganz passend ins Schema passt.

Es gibt nämlich unter den Fußballkommentatoren den „den hat er reingemüllert" -Begriff. Was damit genau gemeint ist? Naja, es ist manchmal schon sehr außergewöhnlich wie und womit Thomas Müller den Ball trifft und somit ein Tor schießt. Er hat diesen Instinkt, steht einfach genau richtig und oft hat es den Anschein als wäre er selbst über den Torerfolg überrascht. Absicht? Zufall? Glück? Ziemlich egal eigentlich. Er erreicht auf jeden Fall seine Torquote, hat dabei Freude in höchsten Maße und grüßt nach dem Spiel auch mal gerne seine Großeltern im Fernsehinterview - es wirkt einfach insgesamt wie eine runde Sache. Ist ja schließlich Fußball.

„Tun was du magst ist Freiheit.
Mögen was du tust ist Glück."
- ein zufriedenes Wesen

(K)EINE RUNDE SACHE

Kommen wir nun zu einem Job, der vermutlich etwas allgemeingültiger ist - zu deinem. Wie sieht es da bei dir persönlich aus? Teamplayer oder Einzelkämpfer? Glücklich oder zufrieden? Runde Sache oder Hamsterrad? Du wirst auch hier klare Antworten für dich finden. Ich möchte hierbei einen Gedanken mit dir teilen, den ich gerne als Beratungshilfe in der Finanzbranche einsetze. Es dreht sich alles um eine gewisse Zahl, ganz egal wie alt du tatsächlich bist.

40 Jahre 40 Stunden 40 Prozent

Wir verbringen viel Zeit damit beschäftigt zu sein. Ich verwende ganz bewusst diesen Ausdruck, denn meiner Meinung nach besteht hier eine gewaltige Diskrepanz zwischen Arbeit (körperlich/geistig) und Beschäftigung (Berufung). Erinnere dich doch nochmal an den Weltallglatzkopf von Kapitel fünf (Gewohnheiten) und seine „was willst du bewirken" -Mentalität. Wir gehen im Schnitt über 40 Jahre zur Arbeit, sind dort mindestens für 40 Stunden pro Woche gefordert und bekommen später im Regelfall (Achtung: Taschentücher bitte parat halten!) grob 40 Prozent unseres durchschnittlichen Monatsgehaltes. Traurig? So sieht die erschütternde Wahrheit leider in den meisten Fällen aus. Deswegen empfinde ich übrigens unter Anderem meinen angepeilten Job in der

Welt der Zahlen als extrem wichtig. Die Aufklärung über das „tägliche Hamsterrad" und wie genau dem entgegenzuwirken ist, um eben doch ein wenig mehr verdiente Rente zu haben - das spornt mich jeweils sehr an. Du merkst schon, es liegt es an uns was wir mit diesen Zahlen anstellen (wollen)?! Wir machen es jetzt noch einen Ticken mehr zu einer 40er-Party und erweitern das Ganze um eine bedeutende Komponente.

… Jahre … Stunden … Prozent 40 Prozent ***2.0***

Du siehst schon richtig. Ich habe eine weitere Prozentzahl hinzugefügt, diesmal jedoch mit einem anderen Hintergrund. Es geht weniger um das was wir zu Beginn unserer wohlverdienten Pension herausbekommen, sondern mehr um das was wir hineinstecken. Das hilft uns dem gravierenden Unterschied zwischen Beschäftigung und Arbeit zu klären. Wir nutzen nämlich nur 40 Prozent unserer Kapazitäten… im Alltag (Komfortzone), beim Sport und eben auch im Job. Wir sind somit im Stande so viel mehr zu erreichen, wenn wir uns dessen bewusst sind. Die Schnittmenge zu den Themen Gewohnheit und vor allem Leidenschaft ist hier immens. Deshalb frage ich dich einfach direkt, denn du bist ja schon ein wahrer Profi was diese Gebiete betrifft. Bist du in einer Tretmühle gefangen, arbeitest stumpf vor dich hin bis der Uhrzeiger endlich auf 17:00 Uhr umspringt und hechtest dann sofort aus dem Büro? Oder bist du eher der Typ Mensch, der auch mal um 19.00 Uhr noch kurz (ich rede wirklich von kurz!) und vor allem gerne den Laptop aufklappt während du mit deiner wahren Berufung beschäftigt bist? Lies dir die beiden Fragen gerne nochmal durch, falls diese Zeilen etwas verwirrend sein sollten. Bemerkst du den Unterschied? Der eine ist beschäfigt, der andere arbeitet. Was von beidem du tust, das weißt nur du selbst und du wirst deine Beweggründe dafür hoffentlich gut reflektiert haben.

„Ein Hamsterrad sieht von innen aus wie eine Karriereleiter."
- vermutlich ein reflektierter Workaholic

Ich kann dir an dieser Stelle nur meine eigene Sichtweise, sprich meine Monkeys bzw. meinen Monk als kleine Quelle der Inspiration liefern. Mir geht es ungefähr wie Thomas Müller, denn ich hatte das große Glück mich damals mit meinen jungen 16 Jahren über zufällige Umwege entschlossen zu haben die Ausbildung zum

Erzieher zu starten. Für alles was ich auf diesem Weg bis hierhin erleben durfte bin ich echt dankbar. Mehr als nur dankbar. Ich bin als Erzieher gereift und vor allem auch als Person gewachsen. Ich habe gerade ein breites Schmunzeln im Gesicht, weil viele einzigartige Erinnerungen in meinem Kopf auftauchen. Verrückterweise mache ich gerade etwas komplett anderes, denn ich schreibe gerade auch die letzten Zeilen des Buches - vermutlich zumindest, kleiner Spaß. Ich meine das Nachwort und der Schluss sind ja schon mit dem ersten Teil des Buches fertig geworden, deswegen geht es tatsächlich um den literarischen Endspurt. Du wirst es im Nachgang dieses Kapitels nochmal in anderen Worten lesen. Eine Sache nehme ich vorneweg… ich weiß, dass ich zum jetzigen Stand meiner Erzieherlaufbahn für beendet erkläre. Es fühlt sich richtig an einen neuen Weg einzuschlagen. Mein Ziel: Menschen inspirieren/motivieren/helfen. Meine Tätigkeit? Kurzfristig arbeitslos. Meine Berufung: Langfristig bis in die Haarspitzen motiviert mein Ziel in die Tat umzusetzen. Ob das mit diesem Buch passiert? Möglich. Ob ich meine Freude an der Tätigkeit als Finanzberater ausleben werde? Die Vorzeichen stehen gut. Eins weiß ich sicher: Mein innerer Monk sitzt da oben auf meiner internen Leiter. Und er lächelt. Er ist happy und ich bin es auch. Das fängt mit beruflichen Gedanken an und endet in meinem absoluten täglichen Glück so ein heftig tolles, wertschätzendes und hilfsbereites Umfeld zu haben. Und darum geht es (mir) im Leben - ich verbringe gerne Zeit mit genau diesen Menschen, dir mir schlichtweg gut tun. Am allerbesten tue ich mir gerade selbst, diese Erkenntnis ist mir vor allem seit der Zeit bekannt als ich begonnen habe alleine zu reisen. Es kommen ab und zu wilde Monkeys und versuchen meine Glücksleiter zu erklimmen. Was ich dann mache? Ich schüttel mich und die Leiter einfach einmal kräftig. Was das bewirkt? Ich sammele mich (bin ja schließlich darauf vorbereitet) und meine Monkeys fallen einfach ab. Sie verziehen sich so schnell wie sie eben auch aufgetaucht sind. Ich sitze quasi auf der obersten Sprosse meiner Leiter, gemeinsam mit meinem absoluten Vollmonk. Wir geben uns gegenseitig sehr viel Stabilität. Genau das genieße ich sehr und ich ruhe mich im Grunde genommen nur kurz aus. Wozu? Na die Leiter hat ja noch viele Sprossen, die erklommen werden wollen. Wohin die Leiter also führt? Ich bin voller Vertrauen, denn ich weiß ja an was genau meine Leiter lehnt... sie ist dicht an die Sonne herangerückt und sie bildet mir Halt. Wieso? Na auf der Sonnenseite macht das Leben einfach nochmal deutlich mehr Spaß. Klar gibt es auch mal den ein oder anderen Schatten, nur ist der ja bekanntlich temporär. *„Be happy, be bright, be you"* kommt mir hier gerade in den Sinn - klingt zunächst etwas abgedroschen, nur ist etwas in mir ausgelöst worden als ich den Spruch von Kate Spade vor einigen Wochen entdeckt habe. Es ist mir ein breites Lächeln über die Lippen gehuscht. Was das bedeutet ist offensichtlich, zumindest für mich!

Ich möchte dieses Kapitel und somit auch den Hauptteil dieses Buches mit dem Gedanken an UNS abschließen. Wir sind zwar alle irgendwie Egoisten, nur Sind wir im Grunde auch alle „lösungsorientierte Egoisten." Über das Bewusstsein wer wir sind, was wir können, was wir wollen und was uns dabei gut tut denken wir oft ein wenig zu sehr mit unseren Ego-Affen. Wir konzentrieren uns auf uns selbst. Wie schauen wir auf unser Umfeld? Oder anders gefragt, auf was bzw. wen schaust du auf einem Gruppenfoto als allererstes? Auf dich. Erwischt?! Spaß bei Seite, denn das machen wir doch alle. Deswegen könnten wir uns im Alltag so leicht so vielfältige Vorwürfe an den Kopf schmeißen, gegenseitiger Natur versteht sich. Lass uns lieber das Bewusstsein darüber nutzen, für unsere inneren Gedankenprozesse und vor allem für unsere externen Mitstreiter. Wir sitzen doch alle im gleichen Boot und deswegen sollten wir auch darauf achten, dass es uns **UND** unserem Umfeld gut geht. Was machen alle? Egal. Fokussieren wir uns auf das was uns verbindet. Wie spricht Freund X über Freundin Y? Ignorieren wir es und konzentrieren wir uns auf Kommunikation mit dem Fokus auf Positvität. Lasst uns gemeinsame Erfahrungen sammeln und vor allem unsere Zeit bewusst genießen, die wir miteinander haben. Die Folgen unserer Gedanken sind Entscheidungen und auch diese sollten wir natürlich alle so bewusst wie nur möglich angehen. Mit gegenseitigem Fokus *aufeinander* und Verständnis *füreinander*. So entwickeln sich tolle Gewohnheiten, die unsere Gemeinschaft auf ein neues Level heben werden - ganz egal wer mit der Harmonie beginnt. Wir haben alle die Möglichkeit jeder für sich und auch im Verbund unser Schicksal aktiv zu beeinflussen. Dafür brauchen wir ALLE eine Sache - LIEBE. Mit ihr steht und fällt diese Leiter, die an einem gewissen „Etwas" lehnt. Was das ist? Ich spreche von der

Halterung dieser Leiter - unserem Glück, denn wie sollen/wollen wir das Glück erreichen, wenn uns die Leiter ständig wegrutscht? Oder wenn die Bausteine des Grundkonstruktes darunter wegbrechen? Erst einmal sind wir alle verwantwortlich für die Glückssicherung, für unsere eigene und natürlich auch für unsere Familie, Freunde, Kollegen, usw... Ein Detail ist hier recht ironisch: Das Buch bestand zuerst aus vier Teilen und erst auf meiner Reise des Schreibens ist mir eine Sache immer bewusster geworden. Dieses „Da fehlt doch noch was..."

Ich habe es in der Einleitung erwähnt und greife den Gedanken jetzt nochmal auf. Wieso definieren wir uns über unseren Job? Weil es leicht ist? Lasst uns doch lieber mal diese ewige Karriereleiter zur Seite schieben und uns zugleich auf unsere Werte, unsere Stärken vor allem auch auf unsere Liebsten fokussieren. Sozusagen mehr Miteiander und weniger Gegeneinander produzieren. So macht das Leben eindeutig mehr Spaß und wir vergessen die Ernsthaftigkeit unseres Alltags für einen Moment. Wie du dein persönliches Glück definierst, das entscheidest rein du. Du kannst mit einer Woche glücklich sein, in der du 70 Stunden arbeitest oder auch mit 200.000 Euro Jahresverdienst. Mein definiertes Glück sieht anders aus und du hältst gerade einen Teil davon in deinen Händen. Und wenn nur ein Mensch mit diesem Buch ein Lächeln im Gesicht hat, dann bin ich schon glücklich...

SCHLUSS

„Du bist der Regisseur in deinem Leben. Du bist die Hauptfigur in deinem Film. Du bist der Auto, der die Geschichten schreibt."

\- Manuel Meier

Du hast durch das Buch ein gutes Gespür dafür bekommen wer ich bin, was mir wichtig ist und wie ich mein Leben gestalte. Das sind meine Sichtweisen auf die Welt bzw. meine Lebensweise auf diesem Planeten. Es ist sozusagen mein Monk und es sind meine Monkeys - das war bis jetzt so, ist im Moment ebenfalls der Fall und wird auch in Zukunft mit Sicherheit so sein. Manche meiner Äffchen werden sich verändern, intensivieren oder auch an Bedeutung verlieren. So einzigartig und verrückt meine Innenwelt manchmal ist, genau in dem Maße ist auch dieser Planet geprägt von vollkommen zufällig aufeinanderfolgenden Ereignissen. Es passieren Schicksalsschläge, entstehen Hindernisse und auch glückliche Umstände kreuzen unseren Weg - zum Glück :) Auf all das können wir uns eher so semi gut vorbereiten… außer du hast diese durchblickende gläserne Glaskugel, die dich in die Zukunft blicken lässt. Die Frage ist dabei, ob wir wirklich wissen wollen was uns bevorsteht?! Wäre doch glatt ein wenig langweilig oder? Was wir tun können habe ich versucht, so gut wie es sich eben objektiv beschreiben lässt, in dieses Exemplar hinein zu packen. Es kann sein, dass du deine eigenen Kapitel hinzufügen wirst. Das wird sogar mit ziemlicher Sicherheit ganz automatisch passieren, also bereite dich schon mal gedanklich darauf vor - sollte helfen. Ich werde dasselbe tun und wer weiß, eventuell entsteht daraus ein weiteres Buch #lifehappens.

Behalte dir deinen inneren Monk bei und gib ihm die richtige Nahrung zu futtern. Lenke deine inneren Monkeys mit ein Paar Stauden Bananen ab und sieh das Ganze auch mal etwas lockerer: Das Leben ist manchmal ernst, stressig oder seltsam und da bringen so manche Monkeys ein wenig Farbe in dein Leben. Lass es zu, drehe dann die Musik so richtig auf, tanze als gäbe es NUR dich und genieße die Feier DEINES Lebens. So bleibst du genau diese prickelnde Persönlichkeit, die dich zum absoluten Unikat macht. Blende die Vielzahl deiner externen Monkeys aus - eben diejenigen, die dich stören, deine Reise massivst sabotieren und dir deinen Weg extrem erschweren. Auf Ziegelsteine im Rucksack kannst du getrost verzichten, denn die schönen Wanderungen des Lebens bereiten dir ohne Laster deutlich mehr Freude. Es ist deine Reise. Es bleibt deine Reise. Deine Expedition. Mit Vergleichen. Mit Kommunikation. Mit Erfahrungen. Mit Entscheidungen. Mit Gewohnheiten. Mit Schicksal. Mit Liebe. Mit Glück. Machen wir es kurz… Deine Reise ist besonders und es gibt sie genau ein Mal :)

„Sei ein Unikat in einer Welt voller Kopien."
- die Quelle finden wir noch raus.

PS: Blätter doch bitte nochmal zum Anfangszitat des Buches zurück und lasse es erneut auf dich wirken. Du wirst diese Zeilen jetzt mit hoher Wahrscheinlichkeit anders interpretieren als du sie zu Beginn des Buches wahrgenommen hast, stimmt's? Wie definierst du mittlerweile REICHTUM & GLÜCK für dich? Die nächste beide Seite gehört ganz dir und dort hast du ein wenig Platz dich auszutoben… in welcher Form? Das weißt du.

REICHTUM

GLUECK

NACHWORT

„Our thoughts make us what we are."

- Dale Carnegie

Alles hängt also von unserem Blickwinkel ab. Unsere Interpretation der Welt, die Sichtweise auf unsere einzelnen Reisen und natürlich unsere komplette Lebensexpedition im Ganzen. Du hast deinen Hintergrund und die ganz individuellen „Spielchen des Lebens" prägen dich. Jeder befindet sich also auf seinem eigenen Trip und so ist es ganz normal dabei zahlreichen Missveständnissen bzw. Barrieren jeglicher Art zu begegnen. Ich meine wie soll es auch anders sein bei so viel Verschiedenheit? Deswegen haben wir eine große und sehr bedeutende Aufgabe inne: Offen, verständnisvoll und flexibel sein - gegenüber uns selbst und natürlich unseren Mitmenschen. Dabei treffen wir oft auf Weggabelungen, auf denen die Fragen „Wollen wir das überhaupt?" und „Bis zu welchem Grat sind wir dazu bereit?" geschrieben stehen.

Gerade auf meiner Weltreise ist das ein riesengroßes Kapitel und mindestens ebenso interessant. Ich habe bis jetzt einzigartige Eindrücke sammeln dürfen - in Südafrika, Namibia, Indien, Sri Lanka und Nepal. Es ist gerade Mitte Januar und erst in rund 125 Tagen werde ich nach Hause fliegen. Ob ich die Reise gerne verlängern würde? Definitiv nein, denn ich freue mich jetzt schon enorm auf meine Heimat :) Ich werde zwar bis dahin noch einige Länder in Südostasien bereisen und mir im Anschluss noch einen weiteren Traum erfüllen: Das erste Mal in Südamerika reisen… auch hier bin ich selbstverständlich voller Monk-Vorfreude. Du merkst, es stehen erst noch Reisen während DER Reise an und dann warten nach meiner Rückkehr bereits noch bedeutendere „Trips" auf mich. Mein Bruder Benny, der einfach über die Jahre hinweg massig positiven Einfluss auf meine persönliche Entwicklung hat(te) und im Grunde mein bester Freund, Mentor und großes Vorbild zugleich ist, wird im Juli heiraten. Dabei bin ich sehr stolz sein Trauzeuge sein zu dürfen und das bringt natürlich einige Verantwortlichkeiten mit sich. Es steht zudem mein angestrebter beruflicher Umgewöhnungsprozess im Raum und das kommt Stand jetzt irgendwie einem „Wundertütenabenteuer" gleich.

Mein Ziel ist mir dabei bekannt, nur der Weg dorthin wird sich erst noch zeigen. Im Gleichschritt stehen bei mir schön langsam die wohl aufregendsten Abschnitte meines Lebens vor der Türe, denn du weißt was du privaterseits so anpeilst, wenn du selbst 30 Jahre alt wirst oder du das Kapitel „weitere Schritte" schon gestartet hast. Du siehst also, die Reisen nach der Weltreise stehen schon brav in der Warteschlange und ich bin voller Euphorie jede dieser geregelten (Langzeit)-Expeditionen zu starten. Egal was kommt, es wird gut! Jetzt weißt du endgültig *ALLES* über mich und somit kommen wir jetzt zu dir, denn egal auf welcher großen oder kleinen Reise du dich im Moment befindest - ich wünsche dir dabei *ALLES* erdenklich Gute. Für dich, für die erfolgreiche Umsetzung deiner Sehnsüchte und natürlich für die Erkundung all deiner aufregenden Welten. Sei dir einer Sache bewusst: Du hast einen tiefentspannten Monk fest an deiner Seite, der dir schon bald Reichtum und Glück bescheren wird - ich drücke dir die Daumen, dass er dabei auf lange Sicht den Sitzplatz deiner Monkeys einnimmt. Genieße deine Reise!

„Glück ist, wenn das was du denkst, sagst und tust miteinander im Einklang stehen."

- Mahatma Gandhi

Jetzt habe ich noch eine letzte Frage an dich: Hat dir das Buch neue Einblicke verschafft? Dann bitte ich dich dann aus tiefstem Herzen das Buch an eine Person deiner Wahl weiterzugeben, um sie ebenfalls zu inspirieren. So können wir sicherstellen, dass das Buch möglichst viele Leser erreicht und einen Beitrag zu einer besseren Welt leistet. Ich danke dir für deine Hilfe,

dein Marcus :)

weil's eben auch dazugehört…

QUELLENVERZEICHNIS

ZITATE (Stand 18.01.2024)

- „Life has a beautiful way of making the rich get richer and the happy get happier." - unbekannt, S. 2
- „Life is a journey, travel it well." - unbekannt, S. 11
- „Persönlichkeit beginnt dort wo der Vergleich aufhört." - Karl Lagerfeld, S. 12
- „Trade your expectation for appreciation and the world changes instantly." - Tony Robbins, S. 25
- „Alles was wir hören ist deine Meinung (…). Alles was wir sehen ist eine Perspektive (…)." - unbekannt, S. 28
- „Der Vergleich mit anderen macht dich blind für das Original, das du bist." - Laura Seiler, S. 29
- „Ein Lächeln versteht man in jeder Sprache." - unbekannt, S. 33
- „Achte auf das Kleine in der Welt. Das macht das Leben reicher und zufriedener." - Carl Hilty, S. 37
- „Das Leben ist zu kurz für langfristigen Groll." - Elon Musk, S. 40 (übersetzt aus dem Englischen)
- „Man braucht zwei Jahre, um sprechen zu lernen und 50, um schweigen zu lernen." - Ernest Hemingway, S. 43 (übersetzt aus dem Englischen)
- „Der Sieg beginnt im Kopf." - Lars Amend, S. 47
- „Das Leben ist ein Bumerang. Man bekommt zurück was man gibt." - Dale Carnegie, S. 52 (übersetzt aus dem Englischen)
- „Von Apple gefeuert zu werden war das Beste was mir je passieren konnte." - Steve Jobs , S. 53 (übersetzt aus dem Englischen)
- „Anerkennung ist die Grundlage jeder nachhaltigen Veränderung." - Boris Grundl, S. 60
- „Das Glück im Leben hängt von den guten Gedanken ab, die man hat." - Marc Aurel, S. 61 (übersetzt aus dem Englischen)
- „Scars remind me of just how far that I've come." - Shakira, S. 67
- „Die einzelnen wirklichen Feinde eines Menschen sind seine eigenen negativen Gedanken." - Albert Einstein, S. 69
- „Nur wer sein Ziel kennt, der findet seinen Weg." - Laotse, S. 70 (übersetzt aus dem Englischen)
- „I don't need no sleep cause I'm already dreaming." - Martin Garrix, S. 71
- „Alle meine besten Entscheidungen wurden mit Herz, Intuition, und Bauchgefühl getroffen." - Jeff Bezos, S. 77 (übersetzt aus dem Englischen)
- „All unsere Träume können wahr werden, wenn wir den Mut haben ihnen zu folgen."
- Martin Garrix, S. 80 (übersetzt aus dem Englischen)
- „I never left my dreams. Always did I follow them and always did I believe and nowadays look at me." - Martin Garrix, S. 82

… liest das echt jemand?

- „Always trust your gut feeling." - Martin Garrix, S. 82
- „I trained 4 years to run 9 seconds (…)." - Usain Bolt, S. 83
- „Skill is developed by hours and hours of work." - Usain Bolt, S. 84
- „Mache was du für richtig hältst. Es wird immer jemanden geben, der anders denkt."
- Michelle Obama, S. 84 (übersetzt aus dem Englischen)
- „Life is what happens to you while you're busy making other plans." - John Lennon, S. 91
- „Start with why." - Simon Sinek, S. 93
- „Work hard. Have fun. Write history." - Jeff Bezos, S 94
- „Die Menschen gehen lieber zugrunde, als dass sie ihre Gewohnheiten ändern." - Leo Tolstoi, S. 95 (übersetzt aus dem Englischen)
- „Your habits will determine your future." - Jack Canfield, S. 99

„Faith is believing BEFORE what only makes sense AFTER." - Steven Furtick, S. 106

- „Be the change you wish to see in the world." - Mahatma Gandhi, S. 109
- „Dummheit ist immer das Gleiche zu tun und dabei bessere Ergobnisse zu erwarten." - Boris Grundl, S. 110
- „Das Schicksal wird schon seine Gründe haben." - unbekannt, S. 111
- „Faith changes hope into reality." - Kenneth E. Hogin 113
- „Vereinfachte Gedanken, vereinfachtes Leben." - unbekannt, S. 117
- „Fear kills your ability to see beauty." - Will Smith, S. 119
- „Karma ist das Schicksal, das wir selbst erschaffen." - Guruder Sri Sri Ravi Shankar, S. 123
- „Education is the most powerful weapon you can utilize to transform the world." - Nelson Mandela, S. 127
- „It is so easy to break down and destroy. The heroes make peace and build." - Nelson Mandela, S. 128

- „I am the master of my faith and the captain of my destiny." - Nelson Mandela, S. 129
- „Wo Liebe wächst gedeiht Leben - wo Hass aufkommt droht Untergang." - Mahatma Gandhi, S. 130
- „Taten überreden mehr als Worte" - Dale Carnegie, S. 134
- „Immer ist es Liebe, die gewinnt." - Helene Fischer, S. 136
- „To love and to be loved is to feel the sun from both sides." - David Viscott, S. 139
- „Love is the whole thing. We are only pieces." - Rumi, S. 145
- „True love is born from understanding." - unbekannt, S. 146
- „The greatest prayer is patience." - unbekannt, S. 146
- „Love the world as a mother loves her only child." - unbekannt, S. 146
- „Your mind is a powerful thing. When you fill it with positive thoughts, your life will begin to change for the better." - Buddha, S. 147
- „Give, even if you have a little." - Buddha, S. 148
- „Sometimes it's the journey that teaches you a lot more about your destination." - unbekannt, S. 149
- „Do more of what makes you happy." - unbekannt, S. 155
- „When you have expecations, you're setting yourself up for disappointment" - Ryan Reynolds, S. 157
- „Zweiter samma. Das besteht ja aus zwei und weiter!" - Thomas Müller, S. 159
- „Tun was du magst ist Freiheit. Mögen was du tust ist Glück." - unbekannt, S. 161
- „Ein Hamsterrad sieht von innen aus wie eine Karriereleiter." - unbekannt, S. 162
- „Du bist der Regisseur in deinem Leben. Du bist die Hauptfigur in deinem Film. Du bist der Auto, der die Geschichten schreibt." - Manuel Meier, S. 166

… immer noch im Lesefieber?

- „Sei ein Unikat in einer Welt voller Kopien." - unbekannt, S. 167
- „Our thoughts make us what we are." - unbekannt, S. 169
- „Glück ist, wenn das was du denkst, sagst und tust miteinander im Einklang stehen." - Mahatma Gandhi, S. 170

PERSÖNLICHKEITEN (Stand 07.01.2024)

- Johnny Depp S. 14/15/16/29; https://www.gala.de/stars/starportraets/johnny-depp-20511874.html, https://de.wikipedia.org/wiki/Johnny_Depp
- Fargo - gutes Gefühl S. 28; https://www.songtexte.com/songtext/fargo/gutes-gefuhl-g4354cb53.html
- Shakira S. 44/45; https://de.wikipedia.org/wiki/Shakira, https://www.bunte.de/starprofile/shakira.html
- Steve Jobs S. 55/56/57; https://brutkasten.com/artikel/steve-jobs-george-lucas-disney-pixar-apple, https://de.wikipedia.org/wiki/Steve_Jobs
- Usain Bolt S. 79/82/83/84; https://de.wikipedia.org/wiki/Usain_Bolt, https://olympics.com/de/athleten/usain-bolt, https://www.zeit.de/thema/usain-bolt
- Martin Garrix S. 79/80/81/82; https://www.delamar.de/musikbusiness/martin-garrix-52980, https://www.djmag.de/einzelnews/martin-garrix-die-5-meilensteine-seiner-karriere
- Jeff Bezos S. 95/96/97/98/99; https://web.de/magazine/wirtschaft/thema/jeff-bezos, https://www.gruender.de/verzeichnis/amazon-gruender-jeff-bezos/
- Boris Grundl S. 111; https://de.wikipedia.org/wiki/Boris_Grundl, https://grundl.de/ueber-boris-grundl/
- Nelson Mandela 124/125/126/127/128/129; https://studyflix.de/geschichte/nelson-mandela-6312, https://www.madiba.de/blog/nelson-mandela/, https://www.brot-fuer-die-welt.de/themen/nelson-mandela/
- Buddha S. 145/146/147; https://www.planet-wissen.de/kultur/religion/buddhismus/index.html, https://de.wikipedia.org/wiki/Geschichte_des_Buddhismus
- Thomas Müller S. 158/159/160/161; https://www.prosieben.de/themen/stars/profile/thomas-muller-64017, https://esmuellert.de/privates/, https://de.wikipedia.org/wiki/Thomas_Müller

INHALT (Stand 15.01.2023)

- Youtube-Video Steve Jobs Stanford S. 55: Titel „Steve Jobs' 2005 Stanford Commencement Address"
- Youtube-Video Martin Garrix S. 80/81: Titel „FLASHBACK TO THE 2018 WINTER OLYMPICS | The Martin Garrix Show S4.E16"
- Youtube-Video Jeff Bezos S. 108: Titel „I Got Rich When I Understood This" | Jeff Bezos
- Youtube-Videos Thomas Müller S. 158/159: „Zum 30. Geburtstag: Die zehn besten Müller-Momente | SPORT1" und „Thomas Müller vs Pferd"

… geschafft :)

Printed in Poland
by Amazon Fulfillment
Poland Sp. z o.o., Wrocław

44764672R00098